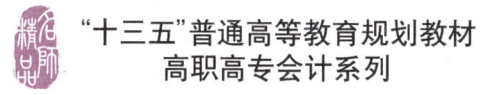

"十三五"普通高等教育规划教材

高职高专会计系列

Excel 在财务管理中的应用

刘捷萍　张俊杰　主　编

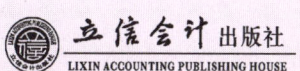

立信会计出版社

LIXIN ACCOUNTING PUBLISHING HOUSE

图书在版编目(CIP)数据

Excel 在财务管理中的应用 / 刘捷萍,张俊杰主编.
—上海：立信会计出版社,2017.6
"十三五"普通高等教育规划教材
ISBN 978 - 7 - 5429 - 5460 - 2

Ⅰ.①E… Ⅱ.①刘…②张… Ⅲ.①表处理软件—
应用—财务管理—高等学校—教材 Ⅳ.①F275-39

中国版本图书馆 CIP 数据核字(2017)第 144207 号

策划编辑　　　蔡伟莉　赵新民
责任编辑　　　陈　昕
封面设计　　　南房间

Excel 在财务管理中的应用

出版发行	立信会计出版社			
地　　址	上海市中山西路 2230 号	邮政编码	200235	
电　　话	(021)64411389	传　真	(021)64411325	
网　　址	www.lixinaph.com	电子邮箱	lxaph@sh163.net	
网上书店	www.shlx.net	电　话	(021)64411071	
经　　销	各地新华书店			
印　　刷	上海天地海设计印刷有限公司			
开　　本	787 毫米×1092 毫米　　　1/16			
印　　张	12			
字　　数	312 千字			
版　　次	2017 年 6 月第 1 版			
印　　次	2017 年 6 月第 1 次			
印　　数	1—3 100			
书　　号	ISBN 978 - 7 - 5429 - 5460 - 2/F			
定　　价	32.00 元			

如有印订差错,请与本社联系调换

随着社会经济的发展,企业所处的经济环境不断变化,财务活动随之也发生重大变化。企业组织形式和经营方式的多样化,使财务关系更加复杂;筹资和投资渠道的增多,使企业的筹资和投资决策更具有自主性和风险性;激烈的市场竞争和商业信用的广泛使用,使企业之间的往来关系更加密切。因此,要使企业立于不败之地,就必须加强财务管理,而财务管理人员除了具备现代财务管理的理论和方法之外,还必须使用计算机和相关软件。

Excel 电子表格软件集数据库、工作表、图形、互联网功能为一体,具有功能强大、技术先进、使用方便的特点。Excel 获取信息数据源的多样性扩大了它在财务管理工作中的使用面;Excel 计算分析函数的有效性提高了财务管理工作的效率和准确性;Excel 财务分析和管理工具为财务管理的预测和决策提供了帮助。因此,有效地利用企业核算数据,应用 Excel 丰富的计算、分析工具和灵活多样的表达方式,建立各种分析和决策模型,可以高效、准确地从事财务管理工作,提高经济效益。本教材将 Excel 的应用与财务管理结合起来,针对财务活动的具体问题,进行较为系统、详细的介绍,帮助读者迅速地掌握计算机财务管理模型的建立方法,为企业财务分析、决策提供依据。

本教材的项目前导介绍了 Excel 的储备知识和基本技能;项目 1 至项目 7 结合现代财务管理的原理和与之对应的 Excel 操作方法,通过大量实例详细讲解了如何建立货币时间价值模型、筹资分析模型、项目投资决策模型、证券投资模型、流动资产管理模型、利润管理模型、财务分析模型等方法。用户在使用本教材的时候,可以根据自身的需要,参照分析方法和企业的具体情况对一些模型进行修正后使用,以便迅速、准确地为企业的财务决策提供定量分析数据,提高财务管理水平。

　　参与本教材的编写人员有:刘捷萍、张俊杰、向智林、刘洋、陈治勇、李小金、龚纯。本教材由刘捷萍负责统稿,由张俊杰和冯娟负责审稿,在此表示衷心的感谢。

　　由于编者学识有限,加之编写时间仓促,教材中可能存在疏漏之处,恳请广大读者批评指正。

编　　者

2017 年 9 月

目录 *Contents*

项目 3 Excel 在项目投资中的应用 ……………………………… 97

熟练运用 Excel 函数和模型对项目的生产、财务、营销、人力资源等方面进行综合分析后,作出一个或多个项目投资是否可行的决策。

项目 4 Excel 在证券投资分析中的应用 ……………………… 109

熟练运用 Excel 函数和模型,通过内涵价值的计算与分析,对股票和债券作出相应的投资决策。

项目 5 Excel 在流动资产管理中的应用 ……………………… 129

熟练运用 Excel 函数和模型,分析企业现金、存货和应收账款的存置量,通过权衡利弊确定一个最佳管理数量。

项目 6 Excel 在利润管理中的应用 …………………………… 149

熟练运用 Excel 函数和方法进行利润预测和利润管理,采取各种行之有效的措施,不断提高盈利水平。

项目前导

储备知识与基础技能

【项目描述】

※ Microsoft Excel 2010(以下简称 Excel)是微软公司开发的一个功能强大、技术先进、使用方便的表格式数据综合管理与分析系统。本项目主要介绍 Excel 的一些基本知识,包括它的工作界面、基本元素、常用工具、财务功能及获取帮助的一些方法等。Excel 让企业财务管理工作更加便捷,使财务管理人员能够根据企业多变的经济环境,建立各种管理分析模型,高效、准确地进行财务管理分析工作。

【能力目标】

◆ 能够建立财务相关的电子表格。
◆ 熟练掌握 Excel 的基本知识,包括 Excel 的工作界面及各组成部分的作用,设置工作表的操作,设置单元格的操作。
◆ 具备在实际工作中应用 Excel 的相关知识和技能进行财务管理的能力。

【典型任务】

通过对 Excel 基本知识的学习和基本操作技能的训练,读者能熟练掌握财务工作中工作表的设计、各类财务函数公式的使用,将 Excel 灵活地应用于财务管理工作。

Excel 高效办公

名师精品·
Gaozhigaozhuan Kuaiji Xilie
高职高专会计系列

任务 1　Excel 中文版基本操作

为了使企业进行财务管理更加容易,使财务管理人员能够根据企业多变的经济环境,建立各种管理分析模型,高效、准确地进行财务管理分析工作,我们需要学习和掌握 Excel 的基本知识和基本操作。

【工作目标】　了解 Excel 的工作界面,掌握工作簿的基本操作和工作表的格式设置。

【工作基础】

一、Excel 的工作界面

Excel 是 Microsoft Office 系列软件之一,是专业化的电子表格处理软件,是财务管理人员公认的强有力的数据管理与分析软件工具,可用于财务信息保存、财务数据计算处理、数据分析决策和财务信息动态发布等工作,对促进管理理论和管理实践的紧密结合,提高企业的管理水平具有重要的作用。

Excel 应用程序启动后,在屏幕上即可显示出其工作界面的主窗口,即Excel 的工作界面,如图 1 所示。Excel 的操作界面主要由快速访问工具栏、功能区、工作区、工作表标签、名称框、编辑栏等组成。Excel 工作界面的主要组成部分如图 1 所示。

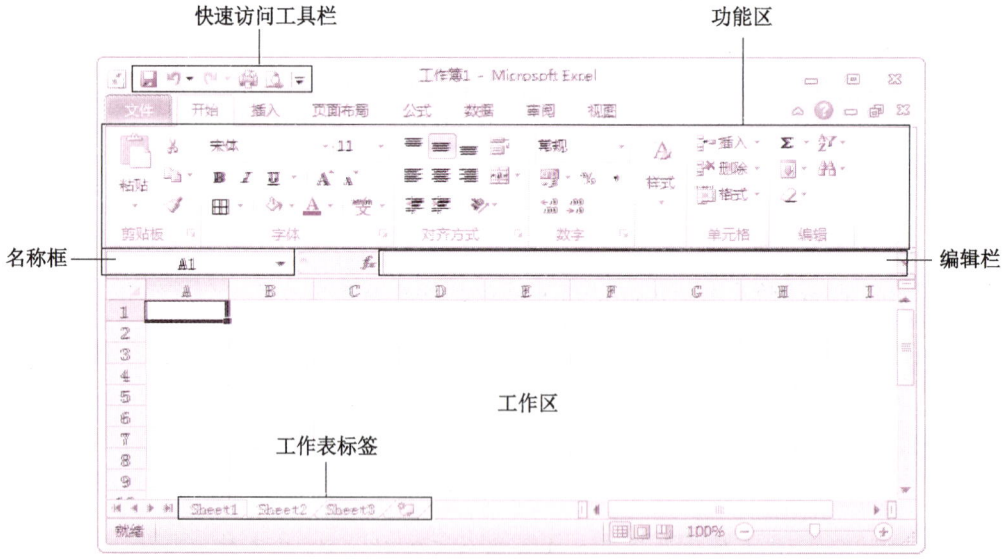

图 1　Excel 的工作界面

◆ 快速访问工具栏:位于主窗口左上方,用于放置一些常用工具,用户可以根据自己的使用习惯,改变快速访问工具栏的位置和添加常用工具。

◆ 功能区：位于标题栏的下方，是一个由9个选项卡组成的区域，用于放置用户编辑文档时所需的功能按钮。每个功能区根据功能的不同又分为若干个组。用户最常用的功能区是"开始"功能区。

◆ 名称框：显示当前活动单元格的地址或名称；或者显示当前选中区域的地址或名称。

◆ 编辑栏：用来显示或编辑当前单元格中的数据、公式等。在工作表的某个单元格中输入数据时，编辑栏会同步显示输入的内容。

◆ 工作区：用于显示或编辑工作表中的数据。

◆ 工作表标签：位于工作簿窗口的左下角，默认名称为"Sheet1、Sheet2、Sheet3……"单击不同的工作表标签可在工作表之间进行切换。

二、工作簿的基本操作

工作簿是处理和存储数据的 Excel 文件，工作簿由多个工作表组成，一个工作表由多个单元格组成。Excel 的文件扩展名是".xlsx"。也就是说，一个 Excel 文件就是一个工作簿。

1. 工作簿的创建

使用 Excel 工作之前，需要先创建一个工作簿。

（1）单击快速访问工具栏中的"新建"按钮，可以快速创建一个新工作簿。

（2）按【Ctrl＋N】组合键，也可以新建一个空白工作簿。

（3）按"文件"按钮，下拉菜单中的"新建"，双击"空白工作簿"，可以创建一个空白工作簿，如图2所示。

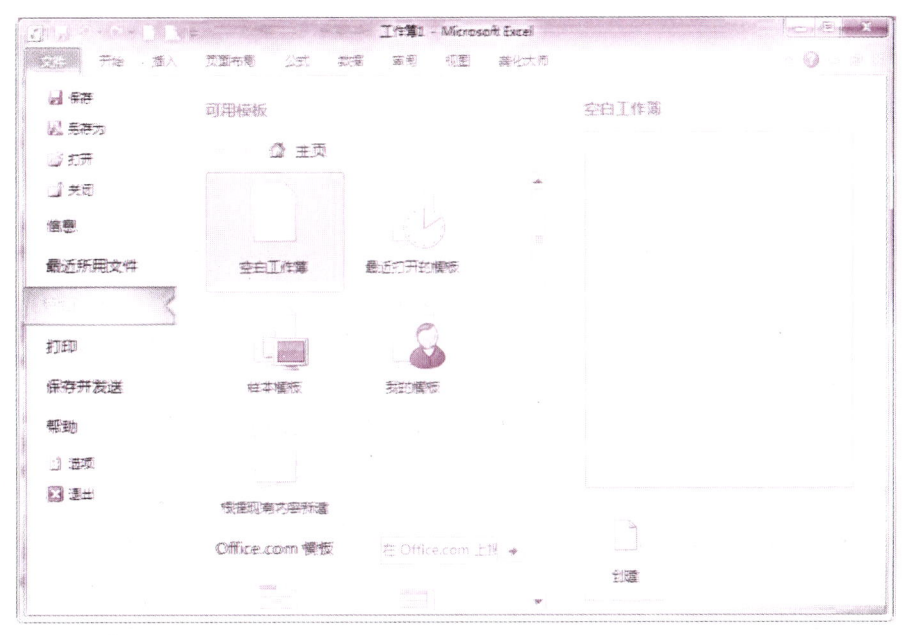

图 2 新建工作簿

2. 工作簿的保存

对工作簿进行了编辑操作后,为防止数据丢失,需将其保存,具体的操作步骤如下:

(1) 保存新工作簿:单击"快速访问工具栏"上的"保存"按钮或按【Ctrl＋S】组合键,或单击"文件"选项卡,在打开的下拉列表中选择"保存"项,打开"另存为"对话框,在其中选择工作簿的保存位置,输入工作簿名称,然后单击"保存"按钮,如图3所示。

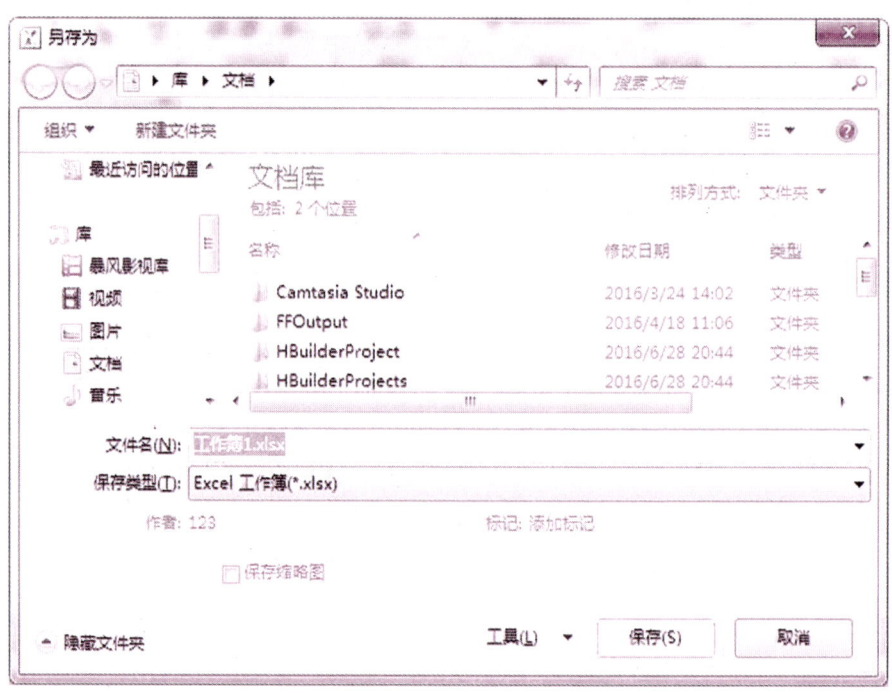

图3 "另存为"对话框

(2) 再次保存工作簿:对工作簿执行第二次保存操作时,不会再打开"另存为"对话框。若要将工作簿另存,可在"文件"界面中选择"另存为"项,在打开的"另存为"对话框重新设置工作簿的保存位置或工作簿名称等,然后单击"保存"按钮即可。

在 Excel 中,自动保存功能得到进一步增强,具体操作如下:

(1) 在"文件"下拉列表下,选择"选项",如图4所示。

(2) 如图5所示,打开【Excel 选项】对话框,单击【保存】选项卡,然后勾选【保存工作簿】区域中【保存自动恢复信息时间间隔】复选框(默认被勾选),即所谓的"自动保存"。在右侧的微调框内设置自动保存的间隔时间,默认为10分钟,用户可以设置从1～120分钟的整数。最后,单击【确认】按钮保存设置并退出【Excel 选项】对话框。

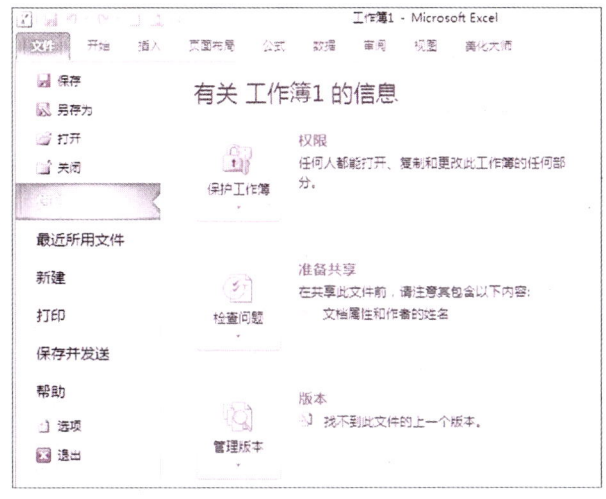

图4 "文件"下拉列表

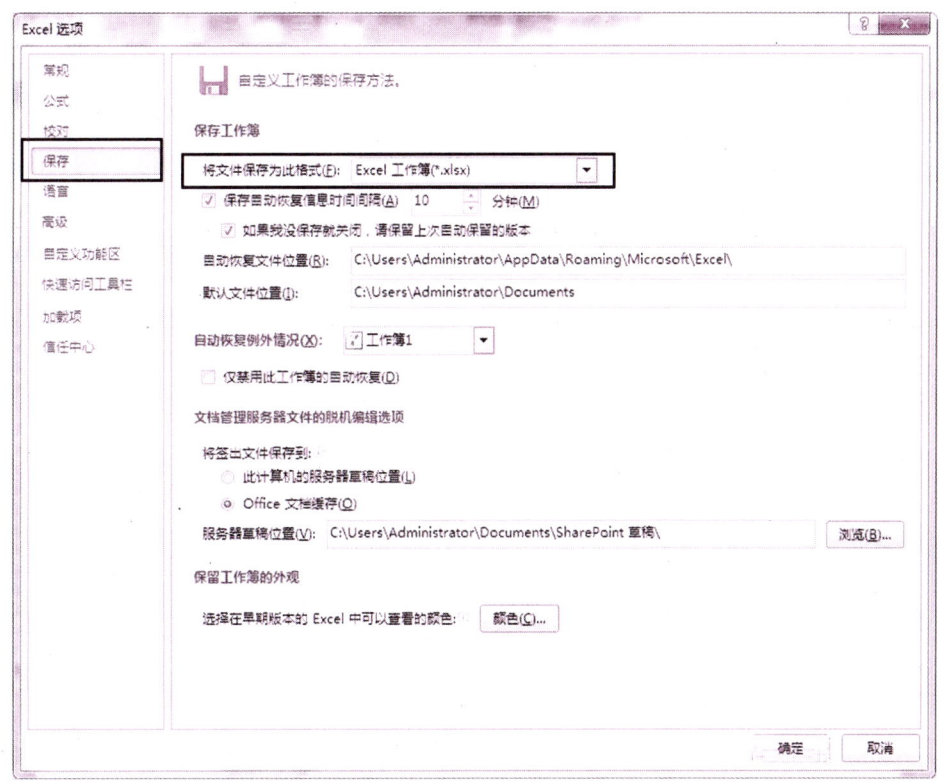

图5 "Excel选项"对话框

3. 工作簿的打开

（1）单击快速访问工具栏中的"打开"按钮。

（2）按【Ctrl＋O】组合键，也可以打开工作簿。

4．工作簿的关闭

（1）单击 Excel 窗口最右上角的"关闭"按钮 ![x]。

（2）选择"文件"下拉列表中的"关闭"命令。

5．工作簿的加密

为了加强工作簿的安全性，可以设置文件的保存密码，具体操作如下：如图 3 所示，在"另存为"对话框的左下角单击"工具"按钮，在打开的下拉列表框中选择"常规选项"，在弹出的对话框中分别设置"打开权限密码"和"修改权限密码"，单击"确定"按钮，如图 6 所示。

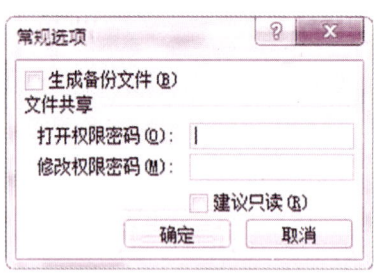

图 6　"常规选项"对话框

至此，加密保存就完成了，下次打开该工作簿时，需要输入"打开权限密码"和"修改权限密码"，否则将不能编辑该工作簿。

6．工作簿窗口的拆分和冻结

查看工作簿中的数据时，如果需要对比同一工作表中前后两处的数据，但数据较多而无法将两处数据同时显示于窗口中，在查看时表格的标题等也会随着数据的移动而一起移出屏幕，造成只能看到内容，而看不到标题。使用 Excel 的"拆分"和"冻结"窗格功能（如图 7 所示）就可以解决这类问题。

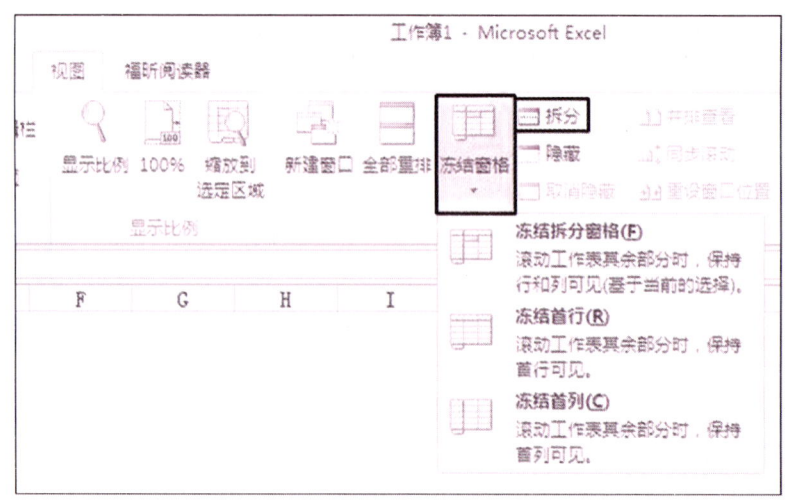

图 7　"拆分"与"冻结"工具按钮

在打开的 Excel 表格中,选择"视图"—"窗口"工具组—"拆分",即可将窗口拆分为 4 部分,拖动任意一个拆分线,都能随意调整窗格,实现同时查看分隔较远的工作表部分。如果想取消"拆分",可再次单击该工具按钮。

在打开的 Excel 表格中,选择"视图"—"窗口"工具组—"冻结",即可冻结窗口,方便用户查看表格各部分数据。Excel 中冻结窗格有以下 3 种情况:

(1)冻结单元格首行:是指冻结当前工作表的首行,首行位置固定不变,可垂直滚动查看当前工作表中的数据。

(2)冻结单元格首列:是指冻结当前工作表的首列,保持首列位置固定不变,可水平滚动查看当前工作表的数据。

(3)冻结拆分窗格:是指按照拆分窗口的位置将窗口冻结为 4 部分,左上角窗格保持固定不变,其他窗格可滚动查看工作表中的数据。

如果要取消窗口冻结,可再次单击"冻结窗口"按钮,在弹出的下拉菜单中选择"取消冻结"命令即可。

三、工作表的基本操作

工作表是 Excel 存储和处理数据的最重要的部分,它是工作簿的组成部分。工作表的基本操作包括选定、创建、重命名、移动、复制工作表等。工作表标签的"快捷菜单"如图 8 所示。

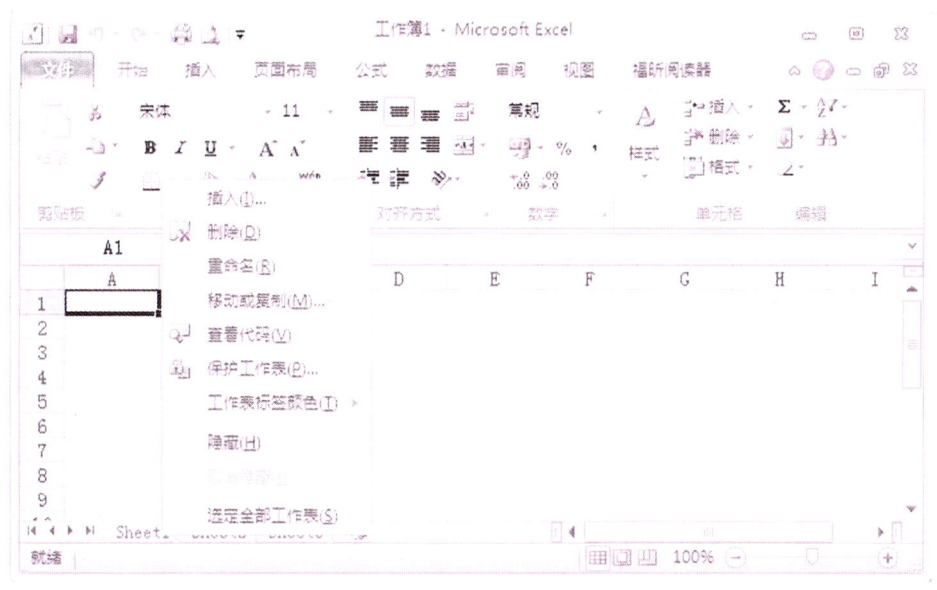

图 8　工作表标签的"快捷菜单"

1. 选择工作表

需要对工作表进行编辑时,先要选择相应工作表。在 Excel 中,选择工作表的方法如下:

（1）选择一个工作表：单击该工作表标签。

（2）选择连续的多个工作表：先单击第一个工作表标签，然后按住【Shift】键，再单击最后一个工作表标签即可。

（3）选择不连续的多个工作表：按住【Ctrl】键，依次单击需要选择的工作表标签即可。

（4）选择所有工作表：右击任意一个工作表标签，在弹出的快捷菜单中选择"选定全部工作表"命令即可。

2. 创建工作表

一个工作簿默认情况下包含 3 个名称为"Sheet1、Sheet2、Sheet3"的工作表，用户可以通过以下方法创建新的工作表：

（1）右击 Sheet1 工作表标签，在弹出的快捷菜单中选择"插入"命令，弹出"插入"对话框，选择"工作表"选项，单击"确定"按钮，即可在 Sheet1 工作表前面插入工作表 Sheet4。

（2）按【Shift＋F11】组合键，将插入一个新工作表。

3. 重命名工作表

工作簿中有多个工作表时，为方便查找各工作表，可为工作表重命名。具体操作如下：

（1）选择 Sheet1 工作表标签，单击鼠标右键，在弹出的快捷菜单中选择"重命名"命令，输入新的名称，然后按【Enter】键即可。

（2）双击要重命名的工作表标签，也可以重命名工作表名称。

4. 移动工作表

（1）选择要移动的工作表标签，按住鼠标左键不放，拖动工作表到目标位置即可。

（2）右击要移动的工作表标签，在快捷菜单中选择"移动或复制"命令，弹出如图 9 所示的"移动或复制工作表"对话框，先选择将工作表移到哪个工作簿，再选择移到哪个工作表的前面，然后按"确定"按钮即可。

5. 复制工作表

（1）选择要复制的工作表标签，按住【Ctrl】键的同时拖动工作表到目标位置即可。

（2）右击要复制的工作表标签，在快捷菜单中选择"移动或复制"命令，弹出如图 9 所示的"移动或复制工作表"对话框，先选择将工作表移到哪个工作簿，再选择移到哪个工作表的前面，最后选择"建立副本"选项，按"确定"按钮即可。

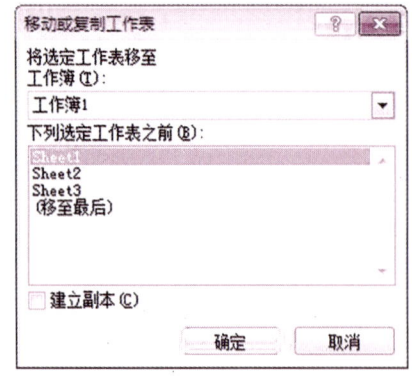

图 9 "移动或复制工作表"对话框

四、数据的输入

1. 输入文本型数据

文本型数据包含汉字、英文字母、具有文本性质的数字、空格和其他键盘能键入的符号。在默认情况下,文本型数据输入后在单元格中自动左对齐。

如果需要将一个数字作为文本来处理,如学号、身份证号码、手机号码等文本型数据,需要在输入数据时先输入一个单撇号"'",Excel 就会把该数字作为文本处理,将它沿单元格左侧对齐。

如果要迅速以上方单元格的内容填充活动单元格,可按【Ctrl+D】键;如果要以左侧单元格的内容填充活动单元格,可按【Ctrl+R】键。

2.输入数值型数据

在默认情况下,输入数值型数据时,在单元格中自动右对齐。

当输入分数时,为避免将输入的分数视作日期,需要在分数前键入"0",再键入一个空格。

在输入负数时,在负数前键入减号"−",或将其置于括号"( )"中。

Excel 只保留 15 位的数字精度。

3.输入日期和时间型数据

Excel 将日期和时间型数据视为数字处理。如果要在同一单元格中同时键入时期和时间,需要在其间用空格分隔。在输入日期时,可以按照年、月、日的顺序输入,如"2017−02−14",或者日、月(英文缩写)、年的顺序输入,如"14−Jan−2017"。

如果要输入 12 小时制的时间,需在时间后键入一个空格,然后键入"AM"或"PM"。

时间和日期可以相加、相减,并可以包含到其他运算中。如果要在公式中使用时期或时间,需要用带引号的文本形式输入日期或时间值。

如果要输入系统当前日期,可按【Ctrl+;】。如果要输入系统当前时间,可按【Ctrl+Shift+:】。

4.输入公式

只要输入正确的计算公式之后,Excel 就会立即在活动单元格中显示其计算结果。如果单元格中的数据有变动,系统也会自动调整计算结果,使用户随时能够观察到正确的结果。有关公式设置的内容将在下一节中具体介绍。

5.同时在多个单元格中输入相同数据

选定需要输入数据的单元格可以是相邻的,也可以是不相邻的。在活动单元格中键入相应数据,然后按【Ctrl+Enter】键。

6.同时在多张工作表中输入或编辑相同的数据

(1)选定需要输入数据的工作表。

(2)再选定需要输入数据的单元格或单元格区域。

(3)在第一个选定单元格中键入或编辑相应的数据。

(4)然后按【Enter】键后,Excel 将自动在所有选定工作表的相应单元格中输入相同的数据。

7. 记忆式输入

在单元格中输入的起始数据与该列中要输入的内容相同,Excel 可以自动填写其余的项,这一功能称为记忆式输入法。利用这一方法可以在同一数据列中快速填写重复输入项。

Excel 只能自动完成包含文字的录入项,或包含文字与数字的录入项。即录入项中只能包含数字和没有格式的日期或时间。如果接受显示的录入项,按【Enter】键。如果不想采用自动提供的字符,可以继续键入。如果要删除自动提供的字符,按【Backspace】键。

8. 提高输入速度—选择列表

在输入数据时,按【Alt＋↓】键可以显示已有录入项列表,或者以右键单击相应的单元格,再单击快捷菜单中的"选择列表"命令,用鼠标左键来选择用户需要的数据。

9. 提高输入速度—自动更正

(1) 在"文件"菜单上,单击"选项"命令。

(2) 选定左侧"校对"选项后,选择右侧的"自动更正"选项按钮。

(3) 在"替换"编辑框中,输入某字符串的简写代码。

(4) 在自动更正对话框中的"替换为"编辑框中,输入简写代码对应的字符串全部内容。

(5) 单击"添加"按钮。

10. 提高输入速度—序列填充

选定待填充数据区的起始单元格,然后输入序列的初始值。如果要让序列按给定的步长增长,再选定下一单元格,在其中输入序列的第二个数值。头两个单元格中数值的差额将决定该序列的增长步长。

(1) 选定包含初始值的单元格。

(2) 用鼠标拖动填充柄经过待填充区域。

(3) 如果要指定序列类型,可先按住鼠标右键,再拖动填充柄,在到达填充区域之上时,松开鼠标右键,单击快捷菜单中的相应命令。

如果要输入一个等比数列,先输入一个数据,选中要填充的区域,然后单击"开始"选项卡的"编辑"组中的"填充"按钮,选择"系列"选项,弹出"序列"对话框,如图 10 所示。在"类型"选项组中选择"等比序列"单选按钮,在"步长值"和"终止值"文本框中输入步长和终止值,单击"确定"按钮即可。

11. 提高输入速度—自定义序列

(1) 在单元格依次输入一个序列的每个项目。

(2) 然后选择该序列所在的单元格区域。

(3) 单击"文件"—"选项",在弹出的"选项"对话框中选左侧的"高级",利用滚动条找到"常规"区域中的"编辑自定义列表"按钮并单击,如图11 所示。

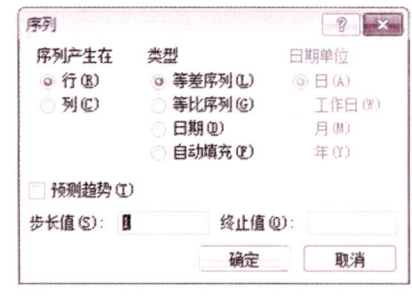

图 10 "序列"对话框

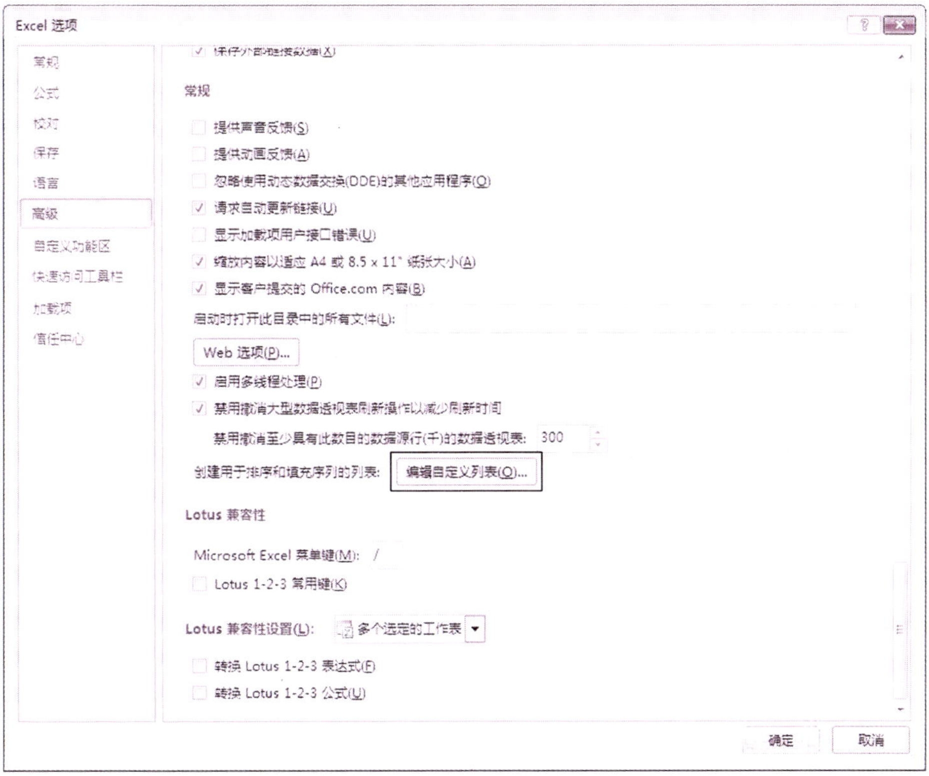

图 11 "Excel 选项"对话框

（4）点击右下角的"导入"按钮。

如果要键入新的序列列表，在如图 12 中的"自定义序列"对话框中"输入序列"编辑列表框内，从第一个序列元素开始输入新的序列。在键入每个元素后，按【Enter】键。整个序列输入完毕后，单击"添加"按钮。最后单击"确定"按钮。

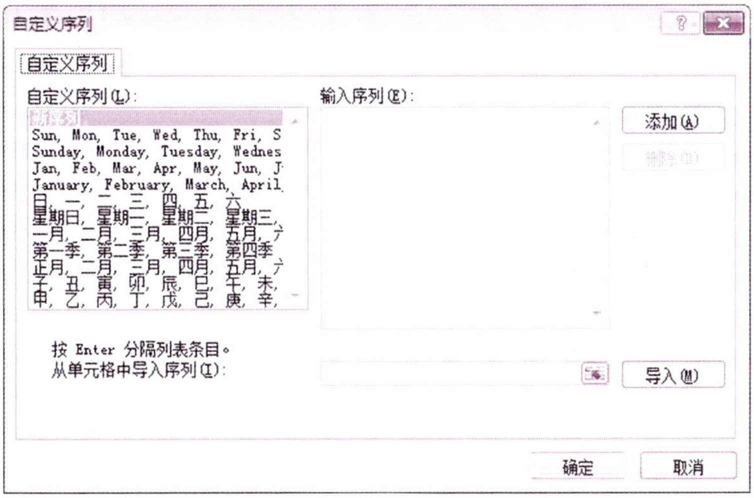

图 12 "自定义序列"对话框

五、工作表的格式设置

使用 Excel 不仅可以对数据进行处理和存储,在实际工作中,还可以要求数据表格整洁、美观、数据表现更形象、突出,以下介绍工作表的格式设置。

1. 设置单元格格式

选中需要设置格式的单元格或单元格区域并右击,在弹出的快捷菜单中选择"单元格格式"命令,弹出"设置单元格格式"对话框,如图 13 所示。

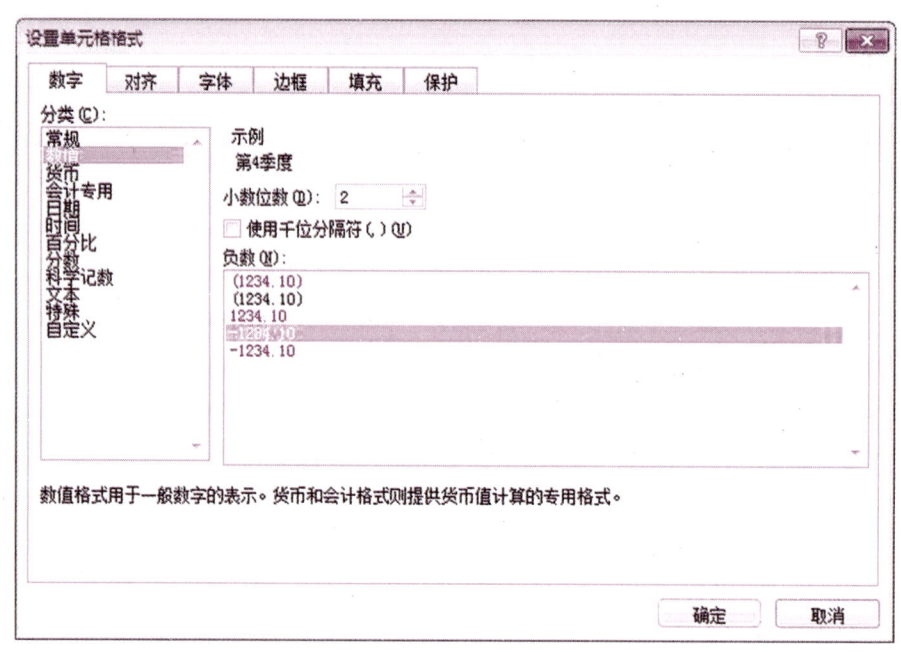

图 13 "设置单元格格式"对话框

选择"数字"选项卡,在"分类"列表框中选择分类项,然后选择所需的数字格式选项,在"示例"框中可预览格式设置后单元格的结果。

选择"对齐"选项卡,可以改变单元格内文本或数字的对齐方式。

选择"字体"选项卡,分别选择相应的字体、字形、字号、颜色、下划线等文本格式进行设置。

选择"边框"选项卡,可以设置单元格或单元格区域的网格线的线条样式和线条颜色以及预置样式等。

2. 复制格式

(1) 选择含有要复制格式的单元格或单元格区域。

(2) 单击"开始"选项卡内"剪贴板"工具组中的"格式刷"按钮 。

(3) 按住鼠标左键不放拖动,选择要设置此格式的单元格或单元格区域,放开鼠标左键即可复制单元格格式。

如果用户要将选定单元格或区域中的格式复制到多个位置,可以双击"格式刷"按钮。当完成复制格式时,再次单击该按钮。

3. 自动套用表格格式

选定要自动套用格式的单元格区域,选择"开始"选项卡内"样式"工具组中的"套用表格格式"下拉列表,选择合适的表格格式即可。

4. 设置条件格式

在数据表的统计分析中,可以用条件格式对内容进行突出显示,让数据变得更加直观,以便轻松查询与分析数据。

Excel 增强了条件格式的功能,提供了大量直接可用的内置条件格式选项。例如,在图 14 中,突出显示销售额大于 3 000 元的单元格,设置步骤如下:

(1)选择 A1:C8 单元格区域。

(2)单击"开始"选项卡的"样式"工具组中的"条件格式"按钮,打开"条件格式"下拉列表框。

(3)选择"突出显示单元格规则"—"大于"选项,如图 15 所示,弹出"大于"对话框(如图 16 所示),选择一种应用到单元格中的填充色,单击"确定"按钮即可。

	A	B	C
1	名称	季度	销售额
2	中性笔	第3季度	1 350
3	中性笔	第4季度	2 100
4	笔记本	第3季度	500
5	笔记本	第4季度	1 300
6	笔记本	第3季度	3 800
7	笔记本	第4季度	4 500
8	中性笔	第3季度	5 420

图 14 办公用品销售表

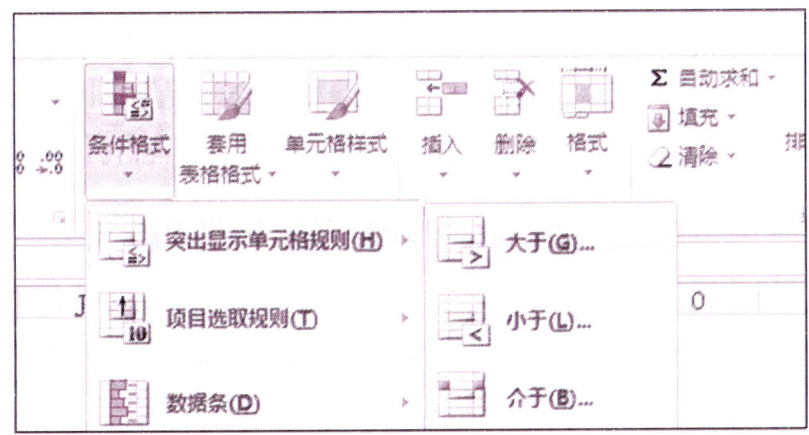

图 15 选择"大于"选项

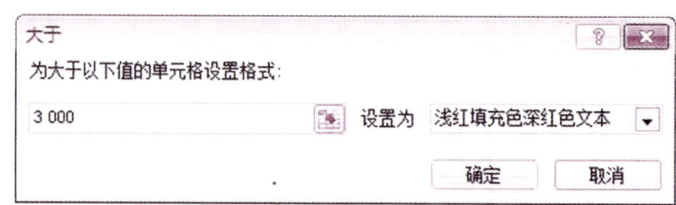

图16 "大于"对话框

除了上面这种以填充单元格底纹来显示满足条件的数据外,条件格式还有其他很多类型。用户可以根据自身的需要进行设置。

六、使用公式和函数

在 Excel 中,公式是最重要的内容之一,充分灵活地运用公式,可以实现数据处理的自动化。Excel 的公式可以执行各种复杂的运算。

公式是对工作表中数值执行计算的等式,最前面一定要以"="开头,如要计算 5 加 8,公式就是"=5+8"。公式通常由运算符、常量、单元格引用、函数等元素构成,如图 17 所示。

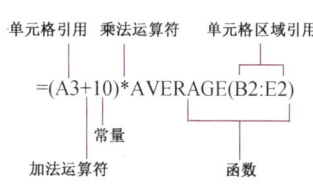

图17 公式的组成

1. 公式运算符和优先级

运算符即公式中的运算符号,Excel 中的运算符包括算术运算符(+、-、*、/等)、比较运算符(=、<、>等)、文本连接运算符(&)、引用运算符(冒号、逗号、空格)。

运算符的优先级是按运算类别,以比较运算符、文本连接运算符、算术运算符、引用运算符、括号为序,优先级越来越高。

2. 编辑公式

(1) 输入公式:选定需要显示公式的单元格,先输入"=",在等号后面输入公式,输入完毕后,按【Enter】键进行确认(注意:输入公式时的运算符号和标点符号,都必须在英文状态下输入)。

(2) 修改公式:双击公式所在单元格,修改公式,完成修改后,按【Enter】键进行确认。

(3) 删除公式:单击公式所在单元格,按【Delete】键即可。

3. 在公式中引用单元格

1) 相对引用和绝对引用的区别

相对引用是指相对于包含公式的单元格的相对位置。输入公式时,用户如果是通过单击单元格的方法来确定公式中所包括的单元格,这时的单元格引用就是相对引用。如果用户将该公式进行复制操作,那么,随着公式位置的改变,其引用的单元格也会相应发生变化。相对引用单元格无须在单元格行或列标志前加"$"符号。

绝对引用是指引用单元格的绝对名称。绝对引用包括绝对引用单元格的公式,无论将其复制到什么位置,总是引用特定的单元格。如果需要绝对引用某一单元格或单元格区域,需要在单元格列或行标志前加"＄"符号。

2）相对引用与绝对引用之间的切换

如果创建了一个公式并希望将相对引用更改为绝对引用(反之亦然),有一种简便的方法,可先选定包含该公式的单元格,然后在编辑栏中选择要更改的引用并按【F4】键。每次按【F4】键时,Excel 会在以下组合间切换:绝对列与绝对行(如＄A＄1)、相对列与绝对行(如 A＄1)、绝对列与相对行(如＄A1)、相对列与相对行(如 A1),当切换到用户所需的引用时,按【Enter】键确认即可。

3）三维引用

三维引用包含单元格或区域引用,前面加上工作表名称的范围,其格式一般为"工作表标签! 单元格引用"。

4. 函数的应用

1）函数的基本构成

函数的结构以函数名称、左圆括号、以逗号分隔的参数和右圆括号组成。如果函数是以公式的形式出现,需在函数名称前面输入等号"＝"。

函数处理数据的方式与公式处理数据的方式是相同的,函数通过引用参数接收数据,并返回结果。在大多数情况下,返回的是计算的结果,也可以返回文本、引用、逻辑值、数值或工作表的信息。

在函数中,使用参数可以是数字、文本、逻辑值或单元格引用。给定的参数必须能产生有效的值。参数也可以是常量、公式或其他函数。

在创建包含函数的公式时,如果用户不清楚该函数的基本语法,可使用公式选项板的帮助输入正确的函数。具体操作步骤如下:

(1) 单击需要输入函数的单元格。

(2) 单击编辑栏中"编辑公式"按钮。

(3) 单击"函数"下拉列表框右端的下拉箭头。

(4) 单击选定需要添加到公式中的函数。如果函数没有出现在列表中,可单击"其他函数"查看其他函数列表。当选定某一函数后,会打开公式选项板。

(5) 输入参数。如果用户不清楚函数中各参数的含义,可通过单击各参数右侧的文本后查阅公式选项板下方的提示。

(6) 完成输入公式后,按【Enter】键。

2）函数的嵌套

用户在某些情况下可能需要将某函数作为另一函数的参数使用,这就是函数的嵌套。当嵌套函数作为参数使用时,它返回的数值类型必须与参数使用的数值类型相同;否则,Excel 将显示"＃VALUE!"错误值。

公式中最多可以包含七级嵌套函数。当函数 B 作为函数 A 的参数时,函数 B 称为第二级函数。

5. Excel 提供的函数

（1）数学函数。

（2）文本函数。

（3）子字符串函数。

（4）逻辑函数。

（5）查找和引用函数。

（6）财务函数。

6. 公式和函数运算常见错误及分析

公式和函数运算常见错误及分析如表1所示。

表1

公式和函数运算常见错误及分析

错误值	错误的原因
＃＃＃＃	单元格的列宽不够
＃DIV/0	除数为 0
＃N/A	函数或公式中没有可用的数值
＃NAME?	Excel 不能识别公式中的文本
＃NULL!	使用了不正确的单元格或单元格区域进行运算
＃REP	单元格引用无效
＃VALUE!	使用的参数或操作数类型错误

【案例1】

本案例将学习利用 Excel 制作"产品销售情况表"工作簿，完成工作簿的新建、保存、关闭和工作表的格式设置等操作（完成效果如图18所示）。

	A	B	C	D	E	F	G	H	I	J	K	L	M
1	产品销售情况表												
2	月份	1	2	3	4	5	6	7	8	9	10	11	12
3	销售量	345	284	402	347	328	437	298	497	368	420	510	522
4	单价	31	31	31	31	31	31	31	31	31	31	31	31
5	销售额	10 695	8 804	12 462	10 757	10 168	13 547	9 238	15 407	11 408	13 020	15 810	16 182

图18 "产品销售情况表"效果

【小知识】

产品销售情况表主要用于记录产品的每个月销售情况，目的在于方便管理和分析每个月产品的销售情况和对策。

任务 2　Excel 财务管理基本操作

Excel 以其强大的电子表格处理能力,为大多数财务管理人员所使用。它能够利用自身的多功能工具将杂乱的数据筛选整理成可用的信息之后进行分析,以达到数据处理、辅助决策等方面的作用,因此,熟练掌握运用 Excel 来建立各种财务管理模型的方法,有助于财务管理人员迅速准确地判断,合理地决策,从而高效地开展财务管理工作。因此,熟练掌握数据处理、图表处理、函数的使用等 Excel 功能,才能在实际中得心应手。

【工作目标】　熟练掌握函数的使用、图表的处理、数据分析处理的各项功能。

【工作基础】　Excel 可对数据进行排序、筛选、分类汇总、统计、求平均值等操作,可以解决财务管理中所有数据计算的问题。充分利用好 Excel 中的各种财务分析函数,可以提高运算的准确性和效率,完成在财务成本管理中的大部分运算。数据透视表等重要功能在企业财务管理中也发挥着重大的作用。因此,掌握好以上基础知识,才能更好地完成财务管理中的各项任务。

一、常用函数及其使用

在本项目任务 1 中介绍了一些有关函数的基本知识,本任务对财务管理中常用的一般函数应用进行说明,其他有关的专门财务函数将在以后的有关项目中分别予以介绍。

(一) SUM 函数、SUMIF 函数

在财务管理中,应用最多的是求和函数。求和函数有三个:无条件求和 SUM 函数、条件求和 SUMIF 函数、多组数据相乘求和 SUMPRODUCT 函数。

1. 无条件求和 SUM 函数

该函数是求 30 个以内参数的和。

公式为:

$$=SUM(参数 1,参数 2,……,参数 N)$$

当对某一行或某一列的连续数据进行求和时,还可以使用项目组中的自动求和按钮 Σ。

例如:在图 19 中,求全年的销售量,则可以单击单元格 N2,然后再单击求和按钮 Σ,按【Enter】键即可。

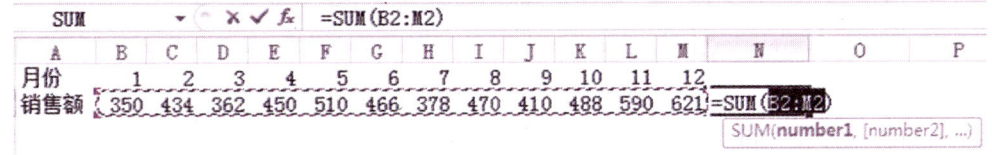

SUM				✗ ✓ f_x	=SUM(B2:M2)										
A	B	C	D	E	F	G	H	I	J	K	L	M	N	O	P
月份	1	2	3	4	5	6	7	8	9	10	11	12			
销售额	350	434	362	450	510	466	378	470	410	488	590	621	=SUM(B2:M2)		

图 19　自动求和

2. 条件求和 SUMIF 函数

SUMIF 函数的功能是根据指定条件对若干单元格求和。

公式为：

$$=SUMIF(range, criteria, sum\_range)$$

SUMIF 函数的参数如下：

第一个参数：range 为条件区域，用于条件判断的单元格区域。

第二个参数：criteria 是求和条件，由数字、逻辑表达式等组成的判定条件。

第三个参数：sum_range 为实际求和区域，需要求和的单元格、区域或引用。

只有当 range 中的相应单元格满足条件时，才对 sum_range 中的单元格求和。如果省略 sum_range，则直接对 range 中的单元格求和。

利用这个函数进行分类汇总是很有用的。

 【案例 2】

某商场 5 月份销售的家电流水记录如图 20 所示，试进行分类销售额汇总。

I3		f_x =SUMIF(C3:C10,211,F3:F10)							
	A	B	C	D	E	F	G	H	I
1		5月份家电销售记录						5月份汇总	
2	日期	商品名称	商品代码	单价	数量	金额		商品类别	金额
3	5月2日	55英寸索尼液晶电视	211	4 999	3	14 997		液晶电视	24 995
4	5月3日	西门子滚筒洗衣机	215	3 199	2	6 398		冰箱	8 495
5	5月6日	55英寸索尼液晶电视	211	4 999	1	4 999		电脑	8 798
6	5月10日	261升海尔冰箱	220	1 699	3	5 097		洗衣机	25 592
7	5月11日	55英寸索尼液晶电视	211	4 999	1	4 999			
8	5月13日	西门子滚筒洗衣机	215	3 199	3	9 597			
9	5月16日	261升海尔冰箱	220	1 699	2	3 398			
10	5月23日	西门子滚筒洗衣机	215	3 199	3	9 597			
11	5月25日	联想电脑	223	4 399	2	8 798			
12									

图 20　商品销售额分类汇总

在单元格 I3 中输入公式"＝SUMIF(C3：C11，211，F3：F11)"，在单元格 I4 中输入公式"＝SUMIF(C3：C11，220，F3：F11)"，在单元格 I5 中输入公式"＝SUMIF(C3：C11，223，F3：F11)"，在单元格 I6 中输入公式"＝SUMIF(C3：C11，215，F3：F11)"，即可得到分类销售额汇总数据。SUMIF 函数的对话框如图 21 所示。

当需要分类汇总的数据很大时，利用 SUMIF 函数是很方便的。

3. 多组数据相乘求和 SUMPRODUCT 函数

SUMPRODUCT 函数的功能是在给定的几组数组中，将数组间对应的元素相乘，并返回乘积之和。

图 21　SUMIF 函数对话框

公式为：

$$=SUMPRODUCT(array1，array2，array3，\cdots)$$

式中，array1，array2，array3，…为 1～30 个数组。

需注意的是，数组参数必须具有相同的维数；否则，函数 SUMPRODUCT 将返回错误值"♯VALUE！"。对于非数值型的数组元素将作为 0 处理。

（二）MIN 函数和 MAX 函数

MIN 函数的功能是给定参数表中的最小值，MAX 函数的功能是给定参数表中的最大值。

公式为：

$$=MIN(参数 1，参数 2，\cdots\cdots，参数 N)$$
$$=MAX(参数 1，参数 2，\cdots\cdots，参数 N)$$

函数中的参数可以是数字、空白单元格、逻辑值或表示数值的文字串。

例如，MIN(3，5，12，32)＝3；MAX(3，5，12，32)＝32。

（三）COUNT 函数和 COUNTIF 函数

COUNT 函数的功能是计算给定区域内数值型参数的数目。

公式为：

$$=COUNT(参数 1，参数 2，\cdots\cdots，参数 N)$$

COUNTIF 函数的功能是计算给定区域内满足特定条件的单元格的数目。

公式为：

$$=COUNTIF(range，criteria)$$

参数：range 要计算其中非空单元格数目的区域。

criteria 以数字、表达式或文本形式定义的条件。

COUNT 函数和 COUNTIF 函数在数据汇总统计分析中是非常有用的函数。

(四) IF 函数

IF 函数也称条件函数,它根据参数条件的真假,返回不同的结果。在实践中,经常使用函数 IF 对数值和公式进行条件检测。

公式为:

$$=IF(logical\_test, value\_if\_true, value\_if\_false)$$

参数:logical_test 表示计算结果为 TRUE 或 FALSE 的任意值或表达式;

value_if_true—logical_test 为 TRUE 时返回的值;

value_if_false—logical_test 为 FALSE 时返回的值。

IF 函数在财务管理中有非常广泛的应用。

【案例 3】

对某企业各个销售部门的销售业绩进行评价,评价标准及各个销售部门在 2017 年的销售业绩汇总如图 22 所示。

	A	B	C	D	E
1			销售部门销售业绩及评价		
2	销售部门	销售额	业绩评价结果	评价标准	
3	部门A	254 674	良好	100 000以下	差
4	部门B	378 923	较好	100 000~200 000	一般
5	部门C	459 345	很好	200 000~300 000	良好
6	部门D	147 234	一般	300 000~400 000	较好
7	部门E	356 871	较好	400 000以上	很好
8	部门F	441 223	很好		
9	部门G	503 412	很好		
10	部门H	278 123	良好		
11	部门I	218 900	良好		
12	部门J	102 712	一般		
13	部门K	90 035	差		
14					

图 22　销售部门业绩评价

操作步骤如下:

(1) 选定单元格区域 C3:C12。

(2) 直接输入以下公式:"=IF(B3:B12<100 000,"差",IF(B3:B12<200 000,"一般",IF(B3:B12<300 000,"好",IF(B3:B12<400 000,"较好","很好"))))"。

(3) 按【Crtl+Shift+Enter】组合键,则各个销售部门的销售业绩评价结果就显示在单元格域 C3:C12 中。

也可以直接在单元格 C3 中输入公式"=IF(B3<100 000,"差",IF(B3<

200 000,"一般",IF(B3＜300 000,"好",IF(B3＜400 000,"较好","很好"))))"后,将其向下填充复制到 C4~C12 单元格中。

（五）AND 函数、OR 函数和 NOT 函数

这三个函数的用法为：

$$=AND(条件 1,条件 2,……,条件 N)$$
$$=OR(条件 1,条件 2,……,条件 N)$$
$$=NOT(条件)$$

AND 函数表示逻辑与,当所有条件都满足时(即所有参数的逻辑值都为真时),AND 函数返回 TRUE;否则,只要有一个条件不满足即返回 FALSE。

OR 函数表示逻辑或,只要有一个条件满足时,OR 函数返回 TRUE;否则,只有当所有条件都不满足时才返回 FALSE。

NOT 函数只有一个逻辑参数,它可以计算出 TRUE 或 FALSE 的逻辑值或逻辑表达式。如果逻辑值为 FALSE,函数 NOT 返回 TRUE;否则,如果逻辑值为 TRUE,函数 NOT 返回 FALSE。

这三个函数一般与 IF 函数结合使用。

 【案例 4】

某企业根据各销售部门的销售额及销售费用确定奖金提成比例及提取额。若销售额大于 300 000 元且销售费用占销售额的比例不超过 1‰,则奖金提取比例为 15%;否则,奖金提取比例为 10%。

计算过程如下：

（1）在单元格 D3 中输入公式"=IF(AND(B3＞300 000,C3/B3＜1‰),15%,10%)",将其向下填充复制到 D4~D10 单元格中。

（2）选取单元格区域 E3：E10,输入公式"=B3：B10 * D3：D10",按【Crtl＋Shift＋Enter】组合键。

各销售部门的销售奖金提成比例及奖金提取额如图 23 所示。

D3	▼	＝	IF(AND(B3>300000,C3/B3<1‰), 15%, 10%)		
	A	B	C	D	E	F
1	销售奖金提取比例及提取额 （元）					
2	销售部门	销售额	销售费用	奖金提成比例	奖金提取额	
3	部门A	234 325	3 425	10%	23 433	
4	部门B	432 465	5 430	10%	43 247	
5	部门C	546 742	5 908	10%	54 674	
6	部门D	568 736	4 503	15%	85 310	
7	部门E	765 833	5 347	15%	114 875	
8	部门F	345 873	3 246	15%	51 881	
9	部门G	289 050	1 256	10%	28 905	
10	部门H	423 578	5 428	10%	42 358	

图 23　奖金提成比例及提取额的计算

（六）MATCH 函数

MATCH 函数的功能是返回在指定方式下与指定数值匹配的数组中元素的相应位置，MATCH 函数是 Excel 主要的查找函数之一。

公式为：

$$=MATCH(lookup\_value, lookup\_array, match\_type)$$

参数 lookup_value：需要在数据表中查找的数值，可以是数值（数字、文本或逻辑值）或对数字、文本或逻辑值的单元格引用。

参数 lookup_array：可能包含所要查找的数值的连续单元格区域，可以是数组或数组引用。

参数 match_type：数字-1、0 或 1，它指明 Excel 如何在 lookup_array 中查找 lookup_value。

查找方式如下：当 match_type 为-1 时，lookup_array 必须按降序排列，函数 MATCH 查找大于或等于 lookup_value 的最小数值；当 match_type 为 0 时，lookup_array 可以按任何顺序排列，函数 MATCH 查找等于 lookup_value 的第一个数值；当 match_type 为 1 时，lookup_array 必须按升序排列，函数 MATCH 查找小于或等于 lookup_value 的最大数值。

例如，MATCH(12，{23，43，12，55}，0)=3，MATCH(40，{23，43，12，55})=1。

（七）INDEX 函数

INDEX 函数的功能是返回表格或区域中的数值或对数值的引用。INDEX 函数有以下两种形式。

第一，返回数组中指定单元格或单元格数组的数值。

公式为：

$$=INDEX(array, row\_num, column\_num)$$

参数 array：为单元格区域或数组常数。

参数 row_num：是数组中某行的行序号，函数从该行返回数值。如果省略，则必须有 column_num。

参数 column_num：为数组中某列的列序号，函数从该列返回数值。如果省略，则必须有 row_num。

提 示

如果同时使用 row_num 和 column_num，函数 INDEX 返回 row_num 和 column_num 交叉处的单元格的数值。row_num 和 column_num 必须指向 array 中的某一单元格；否则，函数 INDEX 返回错误值 #REF!。

例如,INDEX({1,2;3,4},2,2)=4。如果作为数组公式输入,则:INDEX({1,2;3,4},0,2)={2;4}。

第二,返回引用中指定单元格。

公式为:

$$INDEX(reference, row\_num, column\_num, area\_num)$$

参数 Reference:对一个或多个单元格区域的引用。如果引用输入一个不连续的选定区域,必须用括号括起来。如果引用中的每个区域只包含一行或一列,则相应的参数 row_num 或 column_num 分别为可选项。例如,对于单行的引用,可以使用函数 INDEX(reference, column_num)。

参数 row_num:为引用中某行的行序号,函数从该行返回一个引用。

参数 column_num:为引用中某列的列序号,函数从该列返回一个引用。

参数 area_num:为选择引用中的一个区域,并返回该区域中 row_num 和 column_num 的交叉区域。选中或输入的第一个区域序号为1,第二个为2,以此类推。如果省略 area_num,函数 INDEX 使用区域为1。

说 明

row_num、column_num 和 area_num 必须指向 reference 中的单元格;否则,函数 INDEX 返回错误值#REF!。如果省略 row_num 和 column_num,函数 INDEX 返回由 area_num 所指定的区域。

(八) ADDRESS 函数

ADDRESS 函数的功能是按照给定的行号和列标,建立文本类型的单元格地址。

公式为:

$$=ADDRESS(row\_num, column\_num, abs\_num, a1, sheet\_text)$$

参数 row_num:为在单元格引用中使用的行号。

参数 column_num:是在单元格引用中使用的列标。

参数 abs_num:为指明返回的引用类型。其中:当为 1 或省略时为绝对引用;当为 2 时为绝对行号,相对列标;当为 3 时为相对行号,绝对列标;当为 4 时为相对引用。

参数 a1:为用于指明 A1 或 R1C1 引用样式的逻辑值。如果 A1 为 TRUE 或省略,函数 ADDRESS 返回 A1 样式的引用,如果 A1 为 FALSE,函数 ADDRESS返回 R1C1 样式的引用。

参数 sheet_text:是文本,指明作为外部引用的工作表的名称,如果省略 sheet_text,则不使用任何工作表名。例如,ADDRESS(2,3)等于"＄C＄2";ADDRESS(2,3,2)等于"C＄2"。

（九）INDIRECT 函数

INDIRECT 函数的功能是返回由文字串指定的引用。此函数立即对引用进行计算，并显示其内容。当需要更改公式中单元格的引用，而不更改公式本身时，可使用此函数。

公式为：

$$=INDIRECT(ref\_text, a1)$$

参数 ref_text：为对单元格的引用，此单元格可以包含 A1 样式的引用、R1C1 样式的引用、定义为引用的名称或对文字串单元格的引用，如果 ref_text 不是合法的单元格的引用，函数 INDIRECT 返回错误值♯REF!。

参数 a1：是逻辑值，指明包含在单元格 ref_text 中的引用的类型，如果 a1 为 TRUE 或省略，ref_text 被解释为 A1 样式的引用，如果 a1 为 FALSE，ref_text 被解释为 R1C1 样式的引用。

注　意

如果 ref_text 是对另一个工作簿的引用（外部引用），则那个工作簿必须被打开。如果源工作簿没有打开，函数 INDIRECT 返回错误值♯REF!。

例如，如果单元格 A1 包含文本 B2，且单元格 B2 包含数值 1.333，则：INDIRECT（$A$1）=1.333。

上述介绍的几个查找函数 LOOKUP、VLOOKUP、HLOOKUP、MATCH、INDEX、ADDRESS、INDIRECT 等在财务分析与决策、预测及建立动态图表等中是非常有用的。

（十）ROUND 函数

ROUND 函数的功能是返回某个数字按指定位数舍入后的数字。

公式为：

$$=ROUND(number, num\_digits)$$

参数 number：是需要进行舍入的数字。

参数 num_digits：是指定的位数，按此位数进行舍入。

如果 num_digits 大于 0，则舍入到指定的小数位；如果 num_digits 等于 0，则舍入到最接近的整数；如果 num_digits 小于 0，则在小数点左侧进行舍入。

利用 ROUND 函数可以防止利用格式工具栏上的"增加小数位数"或"减少小数位数"按钮所带来的看起来"假数据"问题的出现，使得工作表上显示的数据真实可靠。实际上，如果需要调整数据的小数位数，最好使用 ROUND 函数，而不要使用格式工具栏上的"增加小数位数"或"减少小数位数"按钮。

二、图表处理

图表是 Excel 重要的数据分析工具,它可以使所处理的数据更加直观、生动、清晰地显示不同数据间的差异,便于用户更好地理解各种数据之间的相互关系。在 Excel 中,提供了多种图表类型,包括柱形图、条形图、折线图、饼图等图表,用户可根据不同的情况选用适当的图表类型。

完整的图表包括图表区、绘图区、图表标题、数据系列、纵坐标轴、横坐标轴、图例等,如图 24 所示。

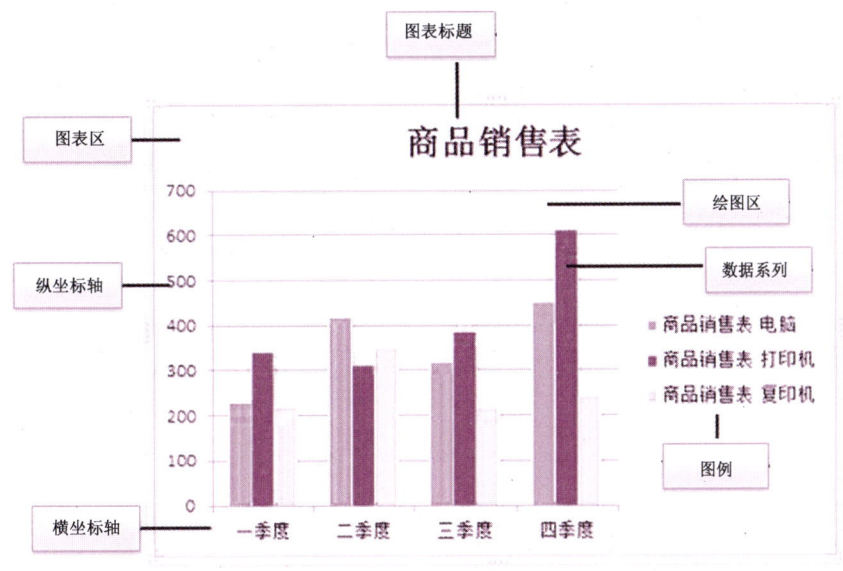

图 24　图表组成部分

(一) 创建图表

创建图表的过程非常简单,下面通过一个实例说明图表的创建步骤。

【案例5】

某商家的 2016 年各季度商品销售情况数据如图 25 所示,请绘制各商品之间关系的图表。

	A	B	C	D
1		商品销售表		
2		电脑	打印机	复印机
3	一季度	230	340	220
4	二季度	420	310	350
5	三季度	317	386	218
6	四季度	450	610	243
7				

图 25　商品销售表

（1）选择数据区域 A1：D6。

（2）单击"插入"选项卡内"图表"工具组中的"柱形图"按钮，选择簇状圆柱图样式（如图 26 所示），即可创建图表（如图 27 所示）。

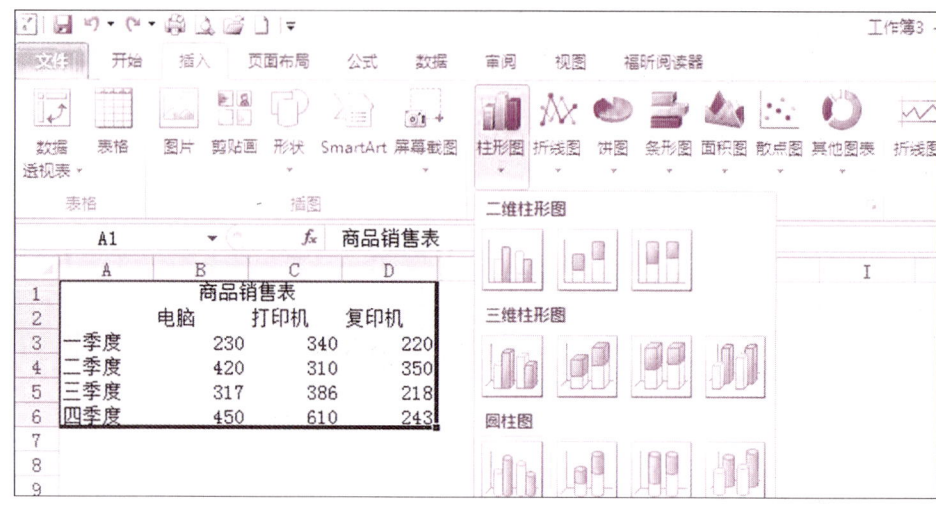

图 26　创建图表位置

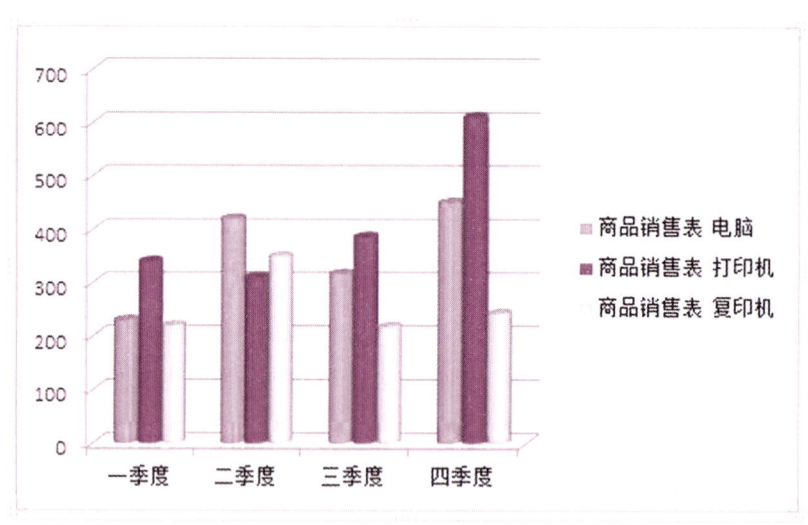

图 27　商品销售图表

（二）图表的编辑、修改和格式化

1. 调整图表大小和位置

要调整图表的大小，应先选中图表，然后将鼠标光标移到图表的边框控制点上，拖动鼠标左键即可调整图表的大小。

要调整图表的位置，可直接移动鼠标光标到图表上，当鼠标变成"十"字形状时，左键拖动图表到目标位置即可。

2. 修改图表类型

（1）选中图表，切换至"图表工具—设计"选项卡中的"类型"工具组中的"更改图表类型"按钮，如图 28 所示。

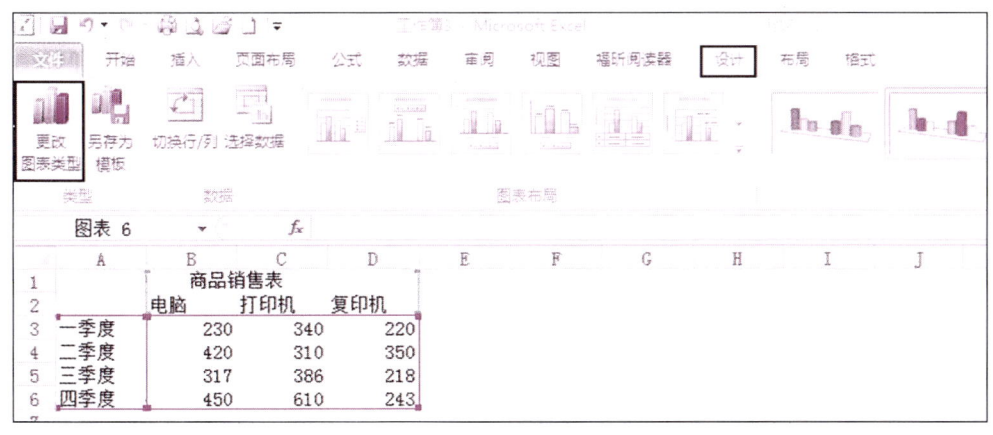

图 28　图表工具

（2）打开"更改图表类型"对话框，选择想要的图表类型即可。

或者，可以选中图表后右击，在弹出的快捷菜单中选择"更改图表类型"命令，打开"更改图表类型"对话框，选择需要的图表类型即可。

3. 修改图表数据源

（1）选中图表，单击"图表工具—设计"选项卡中的"类型"工具组中的"选择数据"按钮。

（2）打开"选择数据源"对话框（如图 29 所示），在"图表数据区域"文本框中引用要用于图表显示的数据区域，单击"确定"按钮，即可完成数据源的更新。

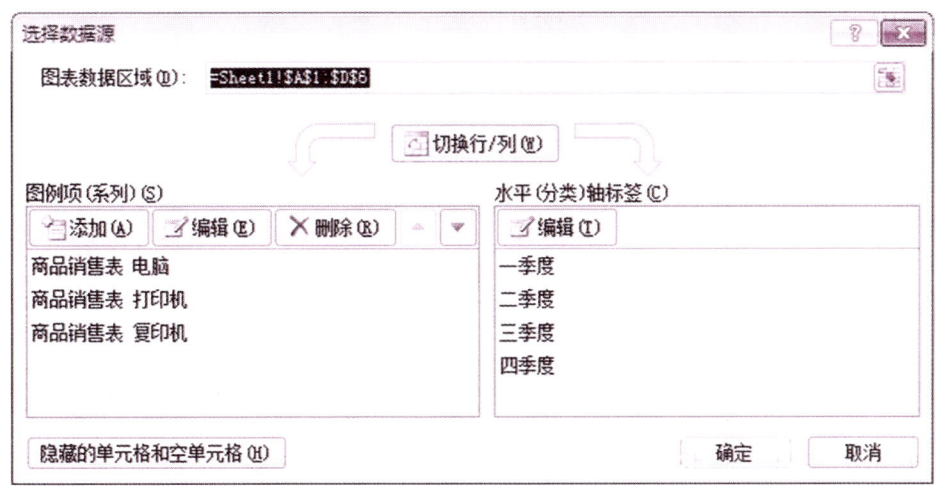

图 29　"选择数据源"对话框

4. 添加和修饰图表标题

（1）选中图表，单击"图表工具—布局"选项卡内"标签"工具组中的"图表标题"按钮，在打开的下拉列表框中选择一种放置标题的方式。

（2）在生成的文本框中输入标题。

（3）右击标题文本，在弹出的快捷菜单中选择"设置图表标题格式"命令，在弹出的对话框中（如图 30 所示），可以为标题设置填充、边框颜色和边框样式等。

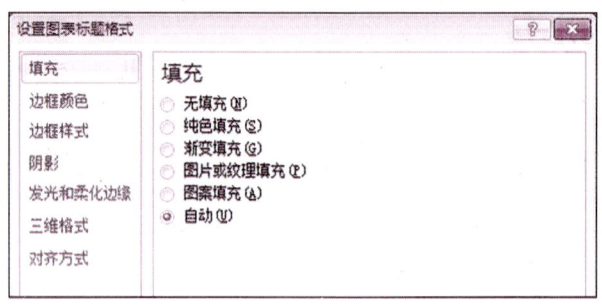

图30 "图表标题样式"对话框

5. 设置图表区与绘图区的格式

图表区是放置图表及其他元素的最外层背景，绘图区是放置图表主体的背景，其设置步骤如下：

（1）选择图表，在图表区位置单击鼠标的右键，在出现的快捷菜单中，选择"设置图表区域格式"选项，打开"设置图表区域格式"对话框，如图 31 所示。在该对话框中设置所需的图表区格式。

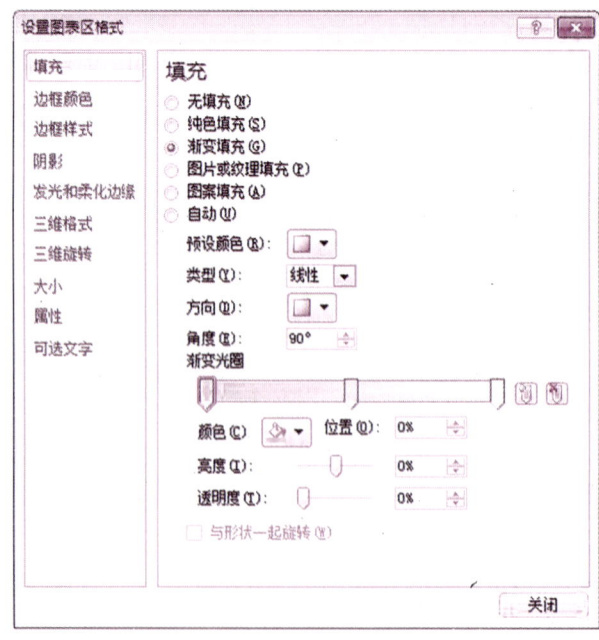

图31 "设置图表区格式"对话框

（2）在图表中移动鼠标，在绘图区边缘会出现提示，然后单击鼠标右键，在出现的快捷菜单中，选择"设置绘图区格式"选项，打开"设置绘图区格式"对话框并进行设置即可。

（三）动态图表的建立

在企业的经营活动中，往往需要为每个部门建立大量相似的图表，如果在一张工作表上建立太多的图表，既费时也使得图表显得凌乱不堪。我们可以建立动态图表来解决这个问题。当需要了解某个部门的销售情况时，只需将鼠标移到工作表中该部门的单元格上，即可立即显示出该部门的销售图表。

例如，某商场的各商品销售业绩数据如图32所示，请建立各商品的动态图表。

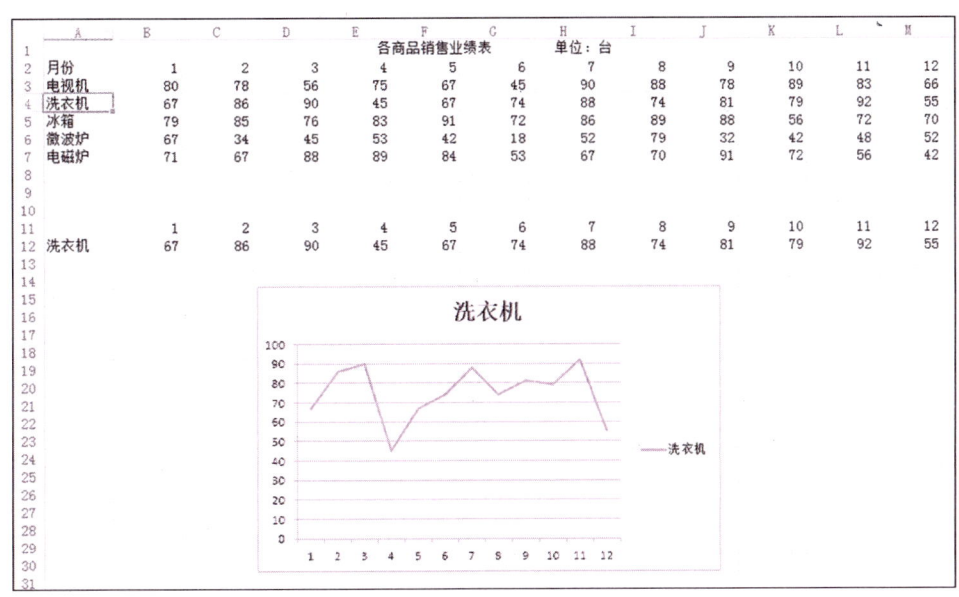

图32　动态商品销售图表

操作步骤如下：

（1）设计动态图表数据区域，在B11～M11区域填入1～12这里指月份。

（2）在单元格 A12 中输入公式"＝INDIRECT（ADDRESS（CELL（"row"），COLUMN（A3）））"，并把该公式向右填充复制到 M12 中，这里 COLUMN 的意思是返回参数所在的列标，CELL（"row"）的意思是返回当前光标所在的行号，ADDRESS(行号，列标)的意思是返回由行号和列标确定的单元格，INDIRECT 的意思是返回参数所确定的单元格内容。

（3）选中区域 A11：M12，插入"折线图"，并进行相应的格式设置，则动态图表就建立起来了。

若鼠标单击 A3 单元格，再按【F9】键（即对工作表数据重新计算），就会显示部门 A 的销售图；若鼠标单击 A5 单元格，再按【F9】键（即对工作表数据重新计算），就会显示部门 C 的销售图。这样，就可以很方便地对各个销售部门的销售量进行直观地观察和分析。

三、数据分析处理

Excel 提供了强大的数据分析处理功能，利用它们可以实现对数据的排序、分类汇总、筛选及数据透视等操作。

（一）排序

排序可以对一列或多列中的数据按文本（升序或降序）、数字（升序或降序）、日期和时间（升序或降序）进行排序，还可以按自定义序列（如大、中和小）或格式（包括单元格颜色、字体颜色或图标集）进行排序。大多数排序操作都是列排序，但是，也可以按行进行排序。

1. 单关键字排序

如果按照某一列排序，就称为单关键字排序。

例如，如图 33 所示，有一个销售人员提成表，需要将提成从大到小排列，操作步骤如下。

	A	B	C	D	E	F
1				销售人员提成表		
2	姓名	商品名称	型号	合同金额	商品销售底价	商品提成（差价的55%）
3	李亮	液晶电视机	55英寸	4 500	3 700	440
4	张燕华	液晶电视机	50英寸	3 800	3 150	357.5
5	赵小明	液晶电视机	52英寸	4 200	3 250	522.5
6	周艳霞	液晶电视机	55英寸	4 700	3 980	396
7	王顺德	液晶电视机	60英寸	5 590	4 870	396
8	李玉平	液晶电视机	42英寸	3 200	2 800	220
9	张景山	液晶电视机	52英寸	4 300	3 550	412.5
10						

图 33 销售人员提成表

（1）将鼠标光标置于"销售人员提成表"中"商品提成"列的任一单元格中。

（2）单击"开始"选项卡的"编辑"组中的"排序与筛选"按钮，在打开的下拉列表中选择"降序"选项，所有数据将按"商品提成"列由高到低进行排序，如图 34 所示。

	A	B	C	D	E	F	G
1				销售人员提成表			
2	姓名	商品名称	型号	合同金额	商品销售底价	商品提成（差价的55%）	
3	赵小明	液晶电视机	52英寸	4 200	3 250	522.5	
4	李亮	液晶电视机	55英寸	4 500	3 700	440	
5	张景山	液晶电视机	52英寸	4 300	3 550	412.5	
6	周艳霞	液晶电视机	55英寸	4 700	3 980	396	
7	王顺德	液晶电视机	60英寸	5 590	4 870	396	
8	张燕华	液晶电视机	50英寸	3 800	3 150	357.5	
9	李玉平	液晶电视机	42英寸	3 200	2 800	220	

图 34 排序后"销售人员提成表"

2. 多关键字排序

多关键字排序是指对选定的数据区域按照两个或两个以上的排序关键字进行排序的方法。针对上面的"销售人员提成表",以"商品提成"降序排序,"商品提成"相同时,按照"合同金额"降序排列为例,实现多关键字排序的操作如下:

(1)将鼠标光标置于数据区域内的任一单元格。

(2)单击"数据"选项卡的"排序和筛选"组中的"排序"按钮,弹出"排序"对话框,如图35所示。

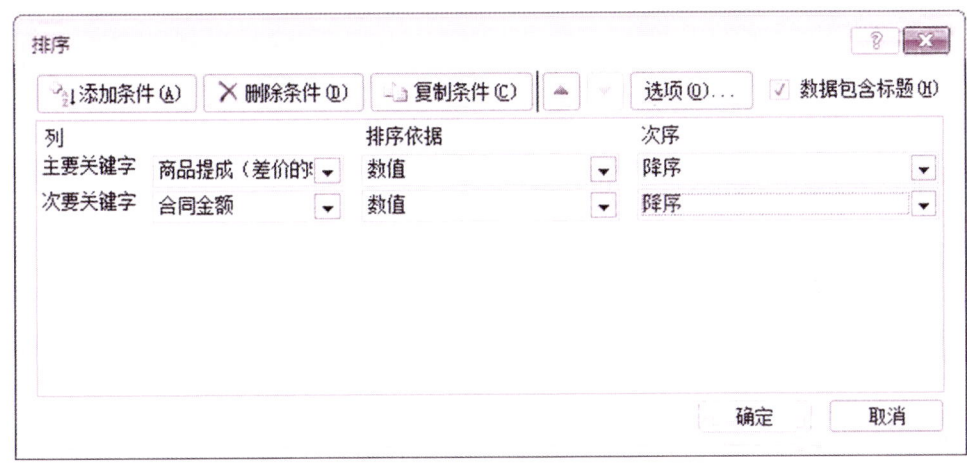

图35 "排序"对话框

(3)在"主要关键字"下拉列表框中选择排序的首要条件"商品提成",排序依据为"数值",排序次序为"降序"。

(4)单击左上方的"添加条件"按钮,在"次要关键字"下拉列表框中选择排序的第二关键字"合同金额",然后再选"数值""降序"。

(5)单击"确定"按钮,完成排序。

(二)筛选

筛选是从对应表中找出满足条件的行并显示,而隐藏那些不满足条件的行。数据筛选包括自动筛选和高级筛选。

1. 自动筛选

自动筛选是按照某一个条件进行的数据筛选。使用自动筛选可以创建三种筛选类型:按值列表、按格式或按条件。对于每个单元格区域或列表来说,这三种筛选类型是互斥的。

如图36所示的"销售人员提成表",如需要筛选出"型号"为55英寸的销售人员情况,操作如下:

(1)选中数据区域的任一单元格,在"数据"选项卡下,单击"排序和筛选"工具组中的"筛选"按钮,此时,数据表格区域中的各列标题单元格右侧将出现一个筛选按钮。

（2）单击"型号"右侧的下拉按钮，在打开的下拉列表中取消选中"全选"复选框，选择"55英寸"复选框，如图36所示。单击"确定"即可完成此次筛选。

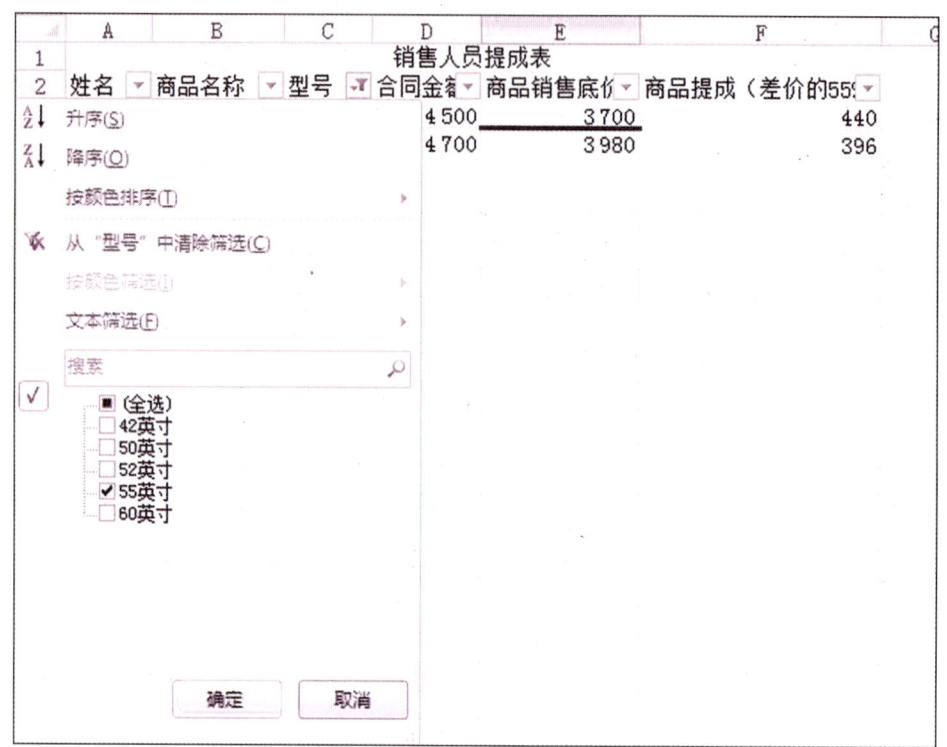

图36 "型号"筛选的下拉列表

如果要取消对某一列的筛选，则单击该列列标题单元格右侧的下拉按钮，再单击"全部"；如果要在数据区域取消所有的自动筛选并撤销筛选箭头，则在"数据"选项卡下，单击"筛选"按钮即可。

2. 高级筛选

在Excel中，对数据进行筛选时，可利用高级筛选功能对数据进行多重条件的数据信息筛选。

例如，根据某公司部分商品销售明细清单的有关资料（如图37所示），筛选出销售人员"赵玉荣"销售"彩电"的情况。

利用高级筛选对数据区域进行筛选的步骤如下：

（1）建立一个条件区域。在条件区域中，同一行中的条件是与条件，也就是这些条件必须同时满足；不同行中的条件是或条件，也就是只要满足其一即可。根据要求，建立条件区域如图38所示。

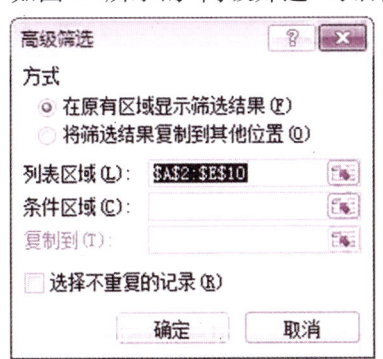

图37　商品销售明细清单

（2）单击数据区域中的任一非空单元格，在"数据"选项卡下，单击"排序和筛选"工具组中的"高级筛选"按钮，则系统弹出如图39所示的"高级筛选"对话框。

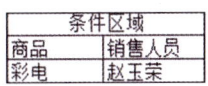

图38　建立条件区域

（3）在一般情况下，系统将自动给出数据区域，用户只需在"条件区域"栏中输入条件区域（可以用鼠标拾取单元格区域，此时在条件区域中将显示"销售明细清单＄B＄15：＄C＄16"）。

图39　"高级筛选"对话框

（4）高级筛选结果可以显示在数据清单的原有区域中，也可以显示在工作表的其他空白单元格区域，系统默认的方式是在数据清单的原有区域中显示结果。若需要在工作表的其他空白单元格区域显示结果，则在"方式"选项中选中"将筛选结果复制到其他位置"，并在"复制到"栏中输入需要显示筛选结果的单元格（开头的一个单元格即可）。图40为在原有区域显示的高级筛选结果。

	A	B	C	D	E
1			商品销售明细清单		
2	商品	单价（元）	数量（台）	金额（元）	销售人员
5	彩电	2 800	20	56 000	赵玉荣
11					

图40　在原有区域显示的高级筛选结果

当需要显示原始的全部数据时，可以在"数据"选项卡下，单击"排序和筛选"工具组中"清除"按钮即可。

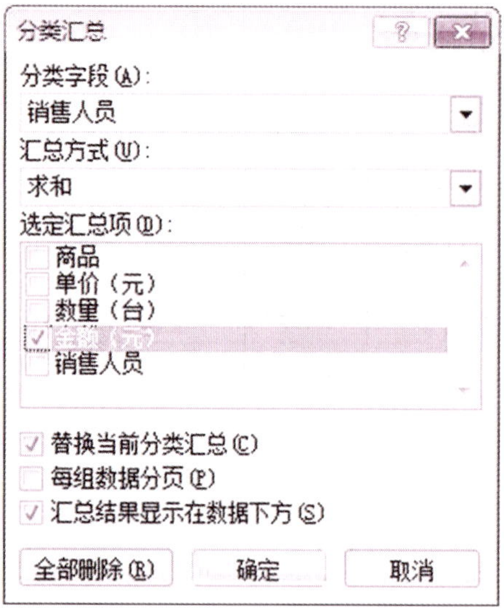

图41 "分类汇总"对话框

（三）分类汇总

在对数据进行分析时，常常需要将相同类型的数据统计出来，这就是数据的分类与汇总。在对数据进行汇总之前，应特别注意的是：必须先对要汇总的关键字进行排序。

1. 分类汇总

以图37商品销售明细清单数据为例，按销售人员进行分类汇总，其步骤如下：

（1）对"销售人员"进行排序，排序方法如前所述。

（2）单击数据区域中的任一非空单元格，然后单击"数据"选项卡下"分级显示"工具组中的"分类汇总"命令，系统弹出如图41所示的"分类汇总"对话框。

（3）在"分类汇总"对话框中，"分类字段"选项下选择"销售人员"，"汇总方式"选项下选择"求和"，"选定汇总项"选项下选定"金额"，单击"确定"按钮，则分类汇总的结果如图42所示。

	A	B	C	D	E
1			商品销售明细清单		
2	商品	单价（元）	数量（台）	金额（元）	销售人员
3	彩电	2 800	20	56 000	赵玉荣
4	空调	5 210	20	104 200	赵玉荣
5				160 200	**赵玉荣 汇总**
6	彩电	4 500	30	135 000	夏航燕
7				135 000	**夏航燕 汇总**
8	电脑	4 100	28	114 800	吴军
9				114 800	**吴军 汇总**
10	冰箱	3 199	35	111 965	刘强
11	电脑	3 899	42	163 758	刘强
12				275 723	**刘强 汇总**
13	空调	4 200	50	210 000	李华
14	冰箱	3 100	23	71 300	李华
15				281 300	**李华 汇总**
16				967 023	**总计**

图42 按销售人员分类汇总结果

在图42中，左上角有三个按钮，按钮1表示1级汇总，显示全部的销售金额汇总；按钮2表示2级汇总，显示各销售人员的全部销售金额汇总；按钮3表示3级汇总，显示销售人员销售金额的汇总明细及汇总额。

在图42中，左边的滑动按钮━为隐藏明细按钮，单击此按钮，则将隐藏本级的明细数据，同时━变为显示明细按钮➕，再单击➕按钮，则将显示本级的全部明细数据，同时➕变为━。

在上述自动分类汇总的结果上,还可以再进行分类汇总。例如,再进行另一种分类汇总,两次分类汇总的关键字可以相同,也可以不同,其分类汇总方法与前面的是一样的,此处不再介绍。

2. 分类汇总的撤消

如果不再需要分类汇总结果,可在"分类汇总"对话框中单击"全部删除",即可撤消分类汇总。

(四)数据透视表和数据透视图

数据透视表用于快速汇总大量数据的交互式表格,用户可以旋转其行或列以查看对源数据的不同汇总,也可以通过显示不同的页来筛选数据,还可以显示所关心区域的数据明细。通过对源数据表的行、列进行重新排列,使得数据表达的信息更清楚明了。

1. 创建数据透视表

通过数据透视表,可以深入分析数据并了解一些预计不到的数据问题。使用数据透视表之前要先创建数据透视表,然后再对其进行设置。要创建数据透视表,先要有一个数据源,并要对数据源进行检查,只有规范化的数据表才能创建数据透视表。创建数据透视表需满足以下条件:

(1)表里不要有空值。

(2)数据表所选区域不允许有合并单元格。

(3)每列要有列标。

(4)数据所在的表是一张独立的表。

满足以上条件后,开始创建数据透视表。数据透视表的创建方法如下:

(1)选择图43工作表中任意一个单元格。

	A	B	C	D	E	F	G
1				销售明细清单			
2	日期	商品	单价(元)	数量(台)	金额(元)	销售人员	地区
3	2016/7/1	彩电	3 200	30	96 000	张强	北京
4	2016/7/2	空调	3 100	60	186 000	张强	北京
5	2016/7/4	彩电	5 300	40	212 000	张强	北京
6	2016/7/4	冰箱	2 900	10	29 000	王军	成都
7	2016/7/6	电脑	5 399	30	161 970	王军	成都
8	2016/7/11	电脑	6 200	10	62 000	王军	成都
9	2016/7/8	冰箱	7 100	80	568 000	马六	上海
10	2016/7/8	空调	3 300	20	66 000	马六	上海
11	2016/7/14	空调	4 500	80	360 000	马六	上海
12	2016/7/9	彩电	5 100	20	102 000	邹艳	太原
13	2016/7/1	电脑	8 600	20	172 000	李美琪	天津
14	2016/7/9	空调	2 200	90	198 000	李美琪	天津
15	2016/7/12	电风扇	360	500	180 000	李美琪	天津
16	2016/7/14	冰箱	1 800	70	126 000	李美琪	天津

图43 数据透视表源数据表

(2)单击"插入"选项卡下"表格"工具组中的"数据透视表"按钮,出现如图44所示的"创建数据透视表"对话框。

(3)在"选择一个表或区域"文本框中,选择或输入要选择数据透视的源数据区域(一般已经选好,检查是否是所需数据区域即可),并选择放置数据透视表的位置为"现有工作表",设置位置为"Sheet1! ＄A＄19",单击"确定"按钮。

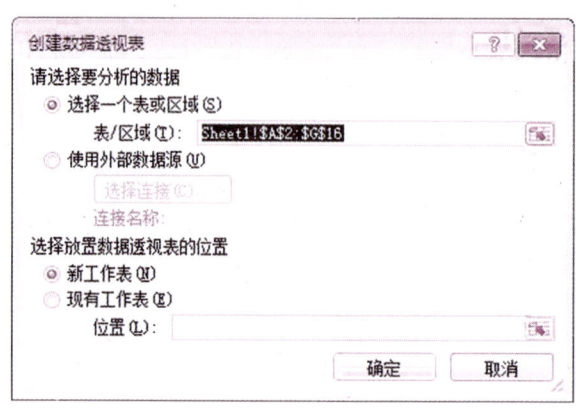

图 44 "创建数据透视表"对话框

(4) 此时系统会自动创建一个空白的数据透视表,激活数据透视表工具的"选项"和"设计"两个选项卡,同时打开"数据透视表字段列表"任务窗格,如图 45 所示。

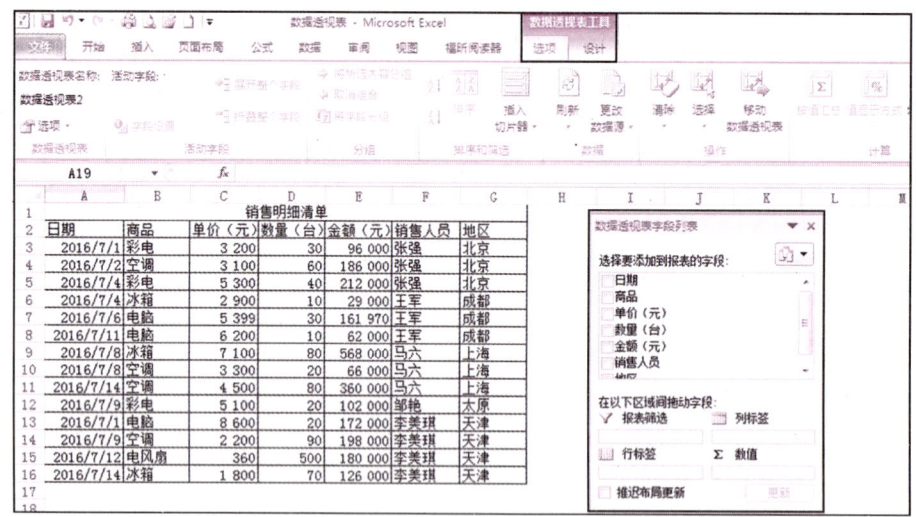

图 45 "数据透视表选项卡"与"数据透视表字段列表"

(5) 在"数据透视表字段列表"任务窗格的"选择要添加到报表的字段"列表框中选中所有字段对应的复选框,创建出带有数据的数据透视表,如图 46 所示。

(6) 在"数据透视表工具"选项卡的"设计"中,找到"数据透视表样式"组的列表框,单击下拉列表按钮,在打开的下拉列表中选择一种数据透视表的样式,就完成了数据透视表的创建。

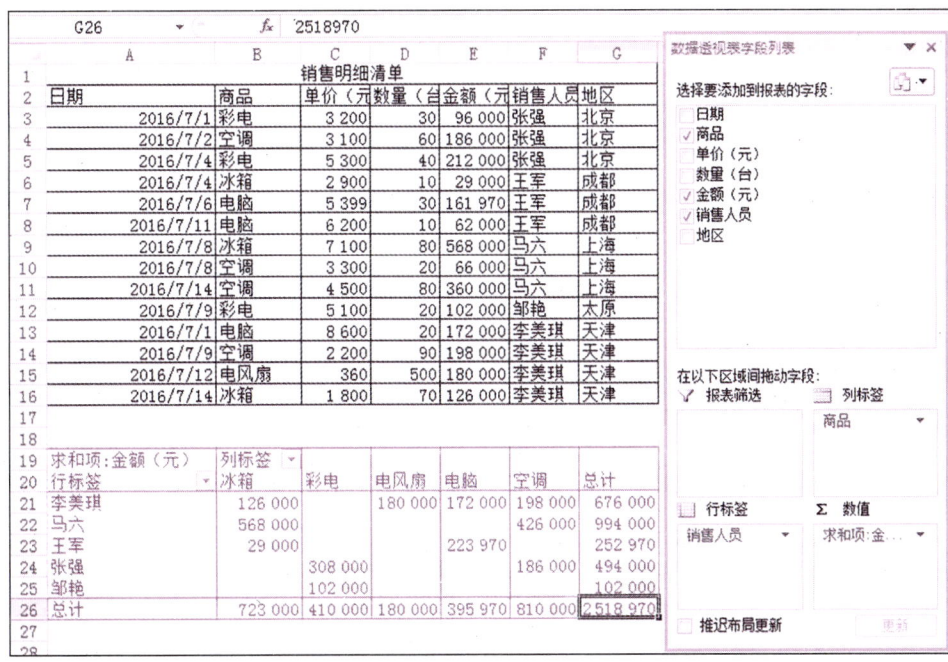

图46 创建数据透视表及效果

数据透视表的创建,有多种建立方法,改变不同的列标签、行标签、数值区域内容,得到的数据透视表是不同的效果。

2．编辑数据透视表

当创建好数据透视表后,可以对透视表中的内容进行编辑,更好地展示数据,编辑数据透视表的方法如下。

1）删除数据透视表中的元素

如果数据透视表中的"报表筛选""行标签""列标签"和"数值"中的字段很多,对数据透视表进行编辑时,取消"数据透视表字段列表"中要删除字段前的复选框,就可以删除相应的字段。

2）更改数据透视表中的元素

数据透视表的建立,可以很方便地进行多角度的统计与分析。比如,要了解李美琪所销售商品金额的情况,可在"销售人员"下拉列表中只选中"李美琪",然后单击"确定"按钮,则李美琪的销售金额情况如图47所示。

18						
19	求和项:金额（元）	列标签				
20	行标签	冰箱	电风扇	电脑	空调	总计
21	李美琪	126 000	180 000	172 000	198 000	676 000
22	总计	126 000	180 000	172 000	198 000	676 000

图47 李美琪的销售金额情况

3）更改值字段汇总计算方式

在使用数据透视表对数据进行分析时，默认添加到"数值"列表中的数据会采用求和计算方式进行汇总，如果要更改汇总计算的方式，可以使用以下方法：在"数值"中的字段上，单击需要修改汇总计算方式的字段右侧下拉按钮，出现的下拉列表中选择"值字段设置"命令，在打开的"值字段设置"对话框（如图 48 所示）中选择所需"值汇总方式"即可。

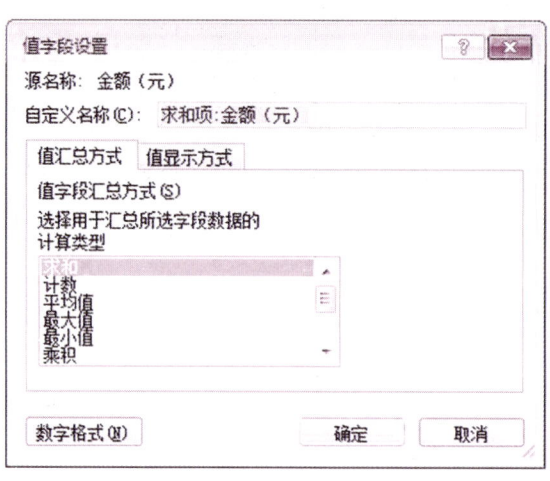

图 48 "值字段设置"对话框

4）数据更新

当数据清单中的数据发生变化时，需要对数据透视表进行更新。其方法为：单击数据透视表中的任一单元格，然后单击鼠标右键，在快捷菜单中选择"刷新"项即可。

3. 创建数据透视图

创建数据透视图有助于形象地呈现数据透视表中的汇总数据，方便进行查看比较。创建数据透视图有两种方法：一种是根据源数据清单中的数据直接创建数据透视图，其方法与创建数据透视表的方法相同；另一种是在创建的数据透视表上创建数据透视图。下面介绍后一种方法的具体操作方法：

（1）选择数据透视表中的任意单元格，在"数据透视表工具"选项卡中"选项"部分的"工具"组内单击"数据透视图"按钮。

（2）打开"插入图表"对话框，选择对应的图表样式后，点击"确定"按钮即可。

若数据透视图是基于现有数据透视表创建的，则将该数据透视表称为关联数据透视表。如果数据透视表中的布局和数据发生了变化，将立即在与之对应的数据透视图的布局和数据中显示出来。

（五）数据的合并计算

合并计算就是将两个或两个以上表格中具有相同区域或相同类型的数据

运用相关函数进行运算后,再将结果存放到另一个表格中。

在很多情况下,企业分门分类地记录销售数据,到年末时需要汇总计算到一张年度报表上,这时最简单的方法就是对它们进行合并计算,尤其是需要合并的数据很多时,利用合并计算工具能节省很大的工作量,并且也不容易出错。

在 Excel 中,可以利用合并计算功能汇总一个或多个工作表区域中的数据,这些数据可以在同一个工作表中,也可以在其他工作簿的工作表中。

现在我们通过一个简单的例子来说明合并计算的方法和步骤。

 【案例 6】

海珠家具制造有限公司 4 个季度的销售量统计如图 49 所示,它们分别存放在第 1 季度、第 2 季度、第 3 季度、第 4 季度 4 个工作表中,现要将它们汇总合并到另外一个"年度销售统计"工作表中。

	A	B		A	B
1	第 1 季度销售统计		1	第 2 季度销售统计	
2	产品规格	销售量	2	产品规格	销售量
3	产品A	4 502	3	产品A	6 472
4	产品B	5 210	4	产品B	5 724
5	产品C	4 615	5	产品C	3 789
6	产品D	3 847	6	产品D	4 568
7	产品E	6 671	7	产品E	4 781
8	产品F	3 988	8	产品F	4 411
9			9		

	A	B		A	B
1	第 3 季度销售统计		1	第 4 季度销售统计	
2	产品规格	销售量	2	产品规格	销售量
3	产品A	5 821	3	产品A	4 789
4	产品B	4 672	4	产品B	5 764
5	产品C	5 566	5	产品C	3 855
6	产品D	3 729	6	产品D	5 489
7	产品E	5 631	7	产品E	3 769
8	产品F	3 729	8	产品F	4 822
9			9		

图 49 某企业 4 个季度的销售量统计

合并计算步骤如下:

(1) 在"年度销售统计"的工作表中选取单元格区域"B3:B8"。

(2) 单击"数据"选项卡中"数据工具"工具组的"合并计算"项,则弹出"合并计算"对话框,如图 50 所示。

(3) 在"函数"项中选"求和"。

(4) 在"引用位置"中输入第 1 季度销售统计工作表"第 1 季度"的数据区域"B3:B8",最好用鼠标选取单元格区域,单击"添加"按钮,则该单元格区域自动加入"所有引用位置"中去,并在"引用位置"的文字呈反黑显示。

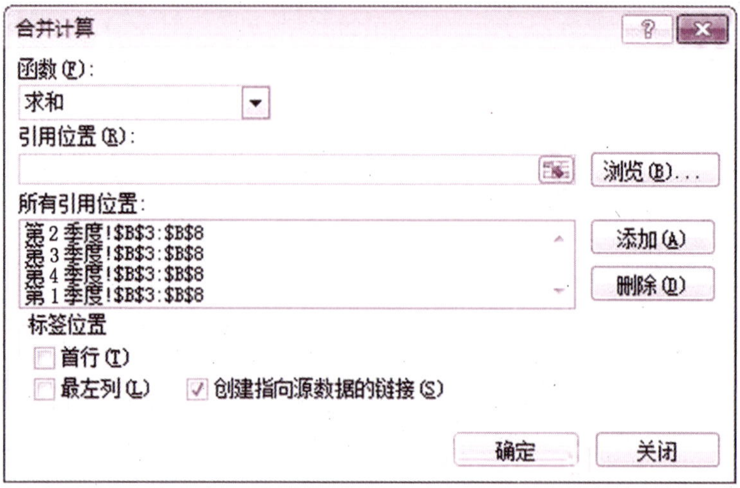

图 50 "合并计算"对话框

（5）仿照上述方法输入其他 3 个季度的资料，最后的结果如图 50 所示。

（6）选中"创建连至数据源的连接"，这是为了能够查看最终汇总数据的来源，若没有这个要求，可不选此项。

（7）单击"确定"按钮，则最后的合并计算结果如图 51 所示。

图 51 合并计算结果（1）

图 52 合并计算结果（2）

若不选中"创建指向源数据的链接"，则合并计算结果如图 52 所示。

（六）模拟运算表

在对数据进行分析处理时，如果需要查看和分析某项数据发生变化时影响到的结果的变化情况，此时，可以使用模拟运算表。模拟运算表就是将工作表中的一个单元格区域的数据进行模拟计算，测试使用一个或两个变量对运算结果的影响。在 Excel 中，可以构造两种模拟运算表：单变量模拟运算表和双变量模拟运算表。

1. 单变量模拟运算表

单变量模拟运算表就是基于一个输入变量，用它来测试对公式计算结果的影响。

名师精品·高职高专会计系列 *Gaozhigaozhuan Kuaiji Xilie*

【案例7】

海珠家具制造有限公司向银行贷款 100 000 元,期限为 5 年,请使用"模拟运算表"工具来测试不同年限下的月还款额的影响。

操作步骤如下:

(1) 设计模拟运算表结构,如图 53 所示。

(2) 在单元格 B4 中输入公式"=PMT(B2/12,B3＊12,B1)"。

(3) 选取包括公式和需要进行模拟运算的单元格区域"A4:B9"。

(4) 单击"数据"选项卡中"数据工具"工具组内的"模拟分析"按钮,选择"模拟运算表"项,弹出如图 54 所示的"模拟运算表"对话框。

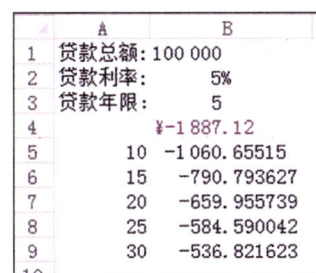

图 53　单变量模拟运算表

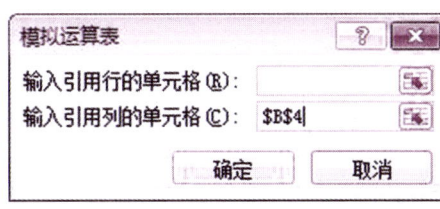

图 54　"模拟运算表"对话框

(5) 由于本案例中引用的是列数据,故在"输入引用列的单元格"中输入"＄B＄4"。单击"确定"按钮,即得到单变量的模拟运算表。

2. 双变量模拟运算表

双变量模拟运算表就是考虑两个变量的变化对公式计算结果的影响,在财务管理中应用最多的是长期借款双变量分析模型。

(七) 单变量求解

单变量求解就是求解只有一个变量的方程的根,方程可以是线性方程,也可以是非线性方程。单变量求解工具可以解决许多财务管理中涉及一个变量的求解问题。

【案例8】

海珠家具制造有限公司拟向银行以 7% 的年利率借入期限为 6 年的长期借款,企业每年的偿还能力为 200 万元,那么企业最多可贷款多少万元?

设计如图 55 所示的计算表格,在单元格 B2 中输入公式"=PMT(B1,B3,B4)",单击"数据"选项卡中"数据工具"工具组内的"模拟分析"按钮,选择"单变量求解"项,如图 56 所示,在"目标单元格"中输入"＄B＄2",在"目标值"中输入"200",在"可变单元格"中输入"＄B＄4",然后单击"确定"按钮,则系统立即计算出结果,如图 57 所示,即企业最多总共可贷款 953.308 万元。

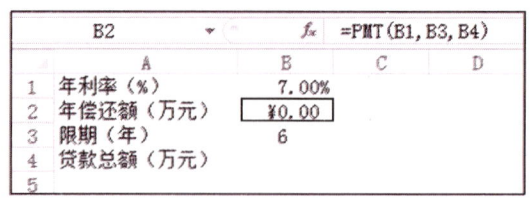

图 55　公式输入

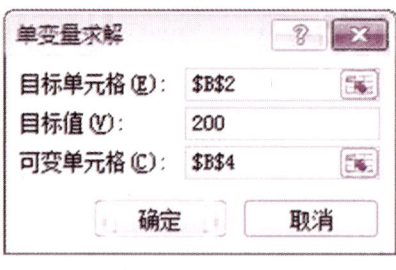

图 56　"单变量求解"对话框　　　　图 57　贷款总额计算

(八) 方案分析

在企业的生产经营活动中,由于市场的不断变化,企业的生产销售受到各种因素的影响,企业需要估计这些因素并分析其对企业生产销售的影响。Excel提供了称为方案管理器的工具来解决上述问题,利用方案管理器可以很方便地对多种方案(即多个假设条件)进行分析。

下面就结合实例来说明如何使用方案管理器进行方案分析和管理。

【案例9】

图 58　房贷月供计算器

小王购买了一套商品房,面积为100平方米,总房款为180万元,首付30%,金额为54万元,贷款总额为126万元,贷款年利率为4.9%,贷款年限为30年。假设贷款年限和首付比例是可变参数,通过方案管理器,分析不同情况下的房贷月供金额如图58所示。

操作步骤如下:

(1) 单击"数据工具"工具组中的"模拟分析"按钮,在弹出的下拉菜单中选择"方案管理器"命令,打开"方案管理器"对话框,单击"添加"按钮,如图59所示。

(2) 在"方案名"文本框中输入"方案一",在"可变单元格"文本框中输入引用单元格,使用逗号隔开,单击"确定"按钮,出现"方案变量值"对话框,如图60所示。

(3) 在"方案变量值"对话框中,改变$B$3的值为20,改变$B$5的值为720 000,然后点击"添加"按钮,返回"添加方案"对话框。

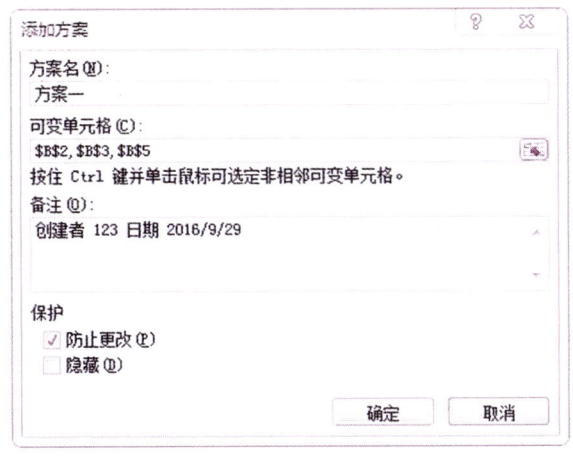

图 59 "添加方案"对话框

图 60 "方案变量值"对话框

（4）用同样的方法建立"方案二"，并修改相应的 $B$3、$B$5 的值。单击"确定"按钮，再次返回"添加方案"对话框，如图 61 所示。

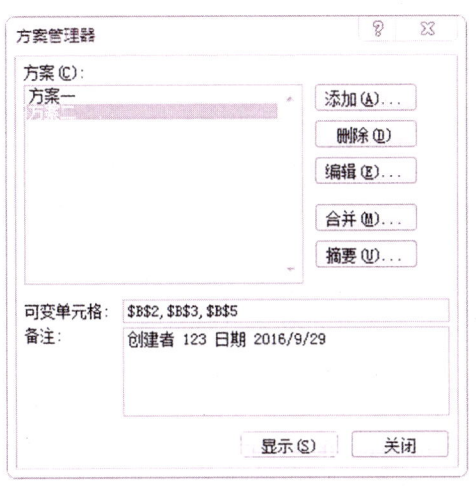

图 61 方案建好后的"方案管理器"

（5）单击"摘要"按钮，打开"方案摘要"对话框，在"结果单元格"文本框中输入 B6 单元格，单击"确定"按钮，方案摘要效果如图 62 所示。

方案摘要			
	当前值：	方案一	方案二
可变单元格：			
$B$2	4.90%	4.90%	4.90%
$B$3	30	20	15
$B$5	¥540 000.00	¥720 000.00	¥900 000.00
结果单元格：			
$B$6	¥-6 687.16	¥-7 068.00	¥-7 070.35

注释："当前值"这一列表示的是在建立方案汇总时，可变单元格的值。
每组方案的可变单元格均以灰色底纹突出显示。

图62　方案摘要效果图

注意：如果需要删除选择方案，则在"方案管理器"对话框右侧单击"删除"按钮即可；如果需要修改选择方案，则在"方案管理器"对话框右侧单击"编辑"按钮即可。

项目任务综合训练

【训练1】启动 Excel 应用程序，创建工作簿，并对其进行以下操作：
(1) 在工作簿中添加工作表。
(2) 设置工作表的行高与列宽。
(3) 垂直拆分工作表。
(4) 保存工作簿。

【训练2】打开一张 Excel 工作表，进行数据输入练习。
(1) 在工作表中输入数据。
(2) 在工作表中插入字符和特殊字符。
(3) 将单元格设置为数据类型。
(4) 在单元格中输入当前时间和日期。
(5) 为单元格中的数据添加批注。

【训练3】打开一张 Excel 工作表，进行图标练习。
(1) 在工作表中使用"图表"工具栏创建图表。
(2) 设置图表的大小及位置。
(3) 更改图表类型，并设置其背景墙效果。
(4) 通过"设置三维视图格式"对话框旋转图表。

【训练4】打开一张工作表，并使用常见的函数对数据进行各种计算。

【训练5】打开一张工作表，并对工作表中的数据进行条件求和计算。

【训练6】打开一张工作表，并对工作表中的数据进行管理。
(1) 在工作表中创建数据清单。
(2) 使用记录单在数据清单中增加记录。
(3) 对数据清单中的某些字段进行排序。
(4) 在数据清单中插入分类汇总。

Excel 在货币时间价值中的应用

【项目描述】

货币时间价值和风险计算是衡量某件事/某个项目值不值得去做的主要依据。货币时间价值通常用相对数×‰来表达,典型地运用于"项目融资、投资和资产评估"等决策过程中。在风险既定、忽略回收期等因素的情况下,货币时间价值高于资金成本时我们就会去"做"。

【能力目标】

◆ 能利用现金流量图将时间价值等问题转化为等差、等比数列等数学问题进行分析。
◆ 熟练掌握 Excel 函数——现值 PV、终值 FV、利率 Rate、期数 Nper 的操作。
◆ 能建立财务决策的基本模型,运用 Excel 函数进行财务活动的分析和管理。

【典型任务】

熟练掌握财务货币时间观念与 Excel 相关函数的操作技能,能将货币的终值、现值、利率、期数等函数应用于财务管理的各项活动中。

任务 1 货币时间价值的基本问题

货币时间价值也称为资金的时间价值,是经济活动中的一个重要概念和财务管理的一个重要指标,又是资金使用中必须认真考虑的一个标准。货币时间价值的基本概念是指货币随着投资时间的推移而得到的最低增值。其实质就是资金周转使用后的增值额。货币时间价值应是企业资金利润率的最低限度,因此,它是衡量企业经济效益、考核企业经营成果的重要依据。

【工作目标】 利用现金流量图理解货币时间价值的本质。

【工作基础】

一、资金"增值"与现金流量图

资金的时间价值是资金在扩大再生产及其循环周转中,随着时间变化而产生的资金增值或经济效益。

(1) 理论上,资金增值必须要有两个基本条件:一是,货币作为资本或资金参加社会周转;二是,要经历一定的时间。

(2) 在现实生活中,资金的时间价值表现在两个方面:一是,通过直接投资,从生产过程中获得收益或效益,如直接投资兴办企业等。二是,通过间接投资,出让资金的使用权来获得利息和收益,如存入银行、放贷、购买债券、购买股票等。

(一)资金"增值"的过程

马克思的剩余价值理论指出:"剩余劳动价值增值(劳动创造的价值和工资之间的差异)被资产阶级无偿占有"。显然,此"增值"非彼"增值",但决定了经济现象领域中的价格和利润增长运动。

图 1-1 资金"增值"的过程

从图 1-1 明显可看出:

(1) $G' > G$, $G' = G + \Delta G$。

(2) ΔG 是时间的连续函数,不是离散函数(ΔG 是在生产过程中,连续产生的,不是跳跃式的)。

(3) ΔG 是在生产中产生的,是劳动者创造的,不是货币自身的产物。

(4) ΔG 的分配:$\Delta G =$ 税金 + 利润 = 税金 + (用于生产的部分 + 用于消费的部分)。

(5) 资金的增值是复利形式的,即上期的增值(利润)同样可以在下一个周转中产生收益。ΔG 在下次周转中同样也会产生收益。

因此,资金增值的特点是:复利性的、时间的连续函数。

(二)现金流量图

现金流量图是描述现金流量作为时间函数的图形,它能表示资金在不同时间点流入与流出的情况。它是经济分析的有效工具,其重要性有如力学计算中的结构力学图。

现金流量图包括 3 大要素:大小、流向和时间点。其中:大小表示资金的数额;流向是指项目的现金流入或现金流出;时间点是指现金流入或现金流出所发生的时间。

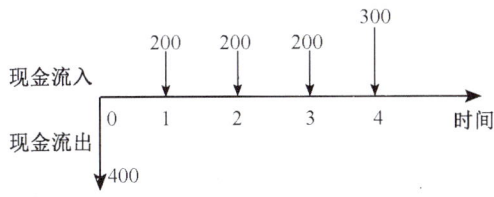

图 1-2　现金流量图

说明

从图 1-2 可看出:

(1)水平线是时间标度,时间的推移是自左向右,每一格代表一个时间单位(年、月、日);时间长度称为期数。

(2)垂直箭线表示现金流量:常见的向上——现金的流入,向下——现金的流出。t 时点的现金流量,记为:CF_t(cash flow);现金流出,记为:CO_t(cash out flow);现金流入,记为:CI_t(cash in flow)。

(3)一般假定现金的支付都发生在每期期末。

注意

(1)时间的连续性决定了坐标轴上的每一个时点既表示上一期期末也表示下一期期初,如第 1 年年末的时刻点同时也表示第 2 年年初。

(2)现金流量图与立脚点有关,从借款人角度出发和从贷款人角度出发所绘现金流量图不同,立脚点不同,画法刚好相反。

(3)净现金流量=现金流入−现金流出,净现金流量记为:NCF_t(net cash flow)。

(4)现金流量只计算现金收支(包括现钞、转账支票等凭证),不计算项目内部的现金转移(如折旧等)。

下面介绍几个相关的概念:

(1)资金等值计算:利用等值的概念,可以把在一个时点发生的资金金额换算成另一时点的等值金额,这一过程叫资金等值计算。

(2)资金的时值:是指资金在运动过程中,处在某一时刻的价值。

(3)折现(或贴现):是指把将来某一时点的资金金额换算成现在时点的等值金额。

（4）现值：是指将来时点上的资金折现后的资金金额。

（5）终值（或将来值）：是指与现值等价的将来某时点的资金金额。

需要说明的是，现值并非专指一笔资金现在的价值，它是一个相对的概念。一般地说，将 $t+k$ 时点上发生的资金折现到第 t 时点，所得的等值金额就是第 $t+k$ 时点上资金金额的现值。

进行资金等值计算中使用的反映资金时间价值的参数叫折现率。

终值称为：future value（worth）；现值称为：present value 或 current value；时值称为：time value；折现（或贴现）称为：discount；贴现价值称为：discounted value。

二、名义利率与实际利率

利息是指因占用资金所付出的代价，或因放弃资金的使用权所得到的补偿。利润是资金投入生产过程后，获得的超过原有投入部分的收益。利率则是一定时期内（1年、半年、月、季度，即一个计息期），所得的利息额与借贷金额（本金）之比。利率的计算公式为：

$$利率 = \frac{期利息}{本金} \times 100\%$$

即：

$$i = \frac{R_期}{P}$$

上式表明，利率是单位本金经过一个计息周期后的增值额（年利率、半年利率、月利率，……）。

如果将一笔资金存入银行，这笔资金就称为本金。经过一段时间之后，储户可在本金之外再得到一笔利息，这一过程可表示为：

$$FV = PV + I$$

式中：FV——本利和；

PV——本金；

I——利息。

有关利率几个习惯说法解释如下："利率为 8%"是指：年利率为 8%，1年计息1次；"利率为 8%，半年计息1次"是指：年利率为 8%，每年计息2次，或半年计息1次，每次计息的利率为 4%。

在普通复利计算和技术经济分析中，所给定或采用的利率一般都是年利率，即利率的时间单位是年，而且在不特别指明时，利息的计息周期也是以年为单位，即1年计息1次。在实际工作中，所给定的利率一般还是年利率。由于计息周期可能是比年还短的时间单位，如计息周期可以是半年、1个季度、1个月、1周或者为1天等，因此1年内的计息次数就相应为2次、4次、12次、52次或365次等。

这样，1年内计算利息的次数不止1次了，在复利条件下每计息1次，都要产生一部分新的利息，因而实际的利率也就不同了（因计息次数而变化）。假如按月计算利息,且其月利率为1%,通常称为"年利率12%,每月计息1次"。这个年利率12%称为"名义利率"。也就是说,名义利率等于每一计息周期的利率与每年的计息周期数的乘积。若按单利计算,名义利率与实际利率是一致的,但是,按复利计算,上述"年利率12%,每月计息1次"的实际年利率则不等于名义利率,应比12%略大些,为12.68%。

例如,本金为1 000元,年利率为12%,若每年计息1次,1年后本利和为:

$$F = 1\,000 \times (1 + 0.12 \div 12)^{12} = 1\,126.8(元)$$

实际年利率 i 为:

$$i = (1\,126.8 - 1\,000) \div 1\,000 \times 100\% = 12.68\%$$

这个12.68%就是实际利率。

假设名义利率为 r,1年中计息次数为 m,则一个计息周期的利率应为 $\dfrac{r}{m}$,1年后本利和、年利率的计算方法分单利和复利两种。

单利方法:

$$1年后本利和 F = P \times (1 + i_{期} \times m)$$
$$利息 = P \times i_{期} \times m$$
$$年利率 = P \times i_{期} \times \frac{m}{P} = i_{期} \times m = r$$

复利方法:

$$1年后本利和 F = P(1 + i_{期})^{m}$$
$$利息 = P(1 + i_{期})^{m} - P$$
$$年利率 i = [P(1 + i_{期})^{m} - P] \div P = (1 + i_{期})^{m} - 1$$

所以,名义利率与实际利率的换算公式为:

$$i = (1 + i_{期})^{m-1} = \left(1 + \frac{r}{m}\right)^{m-1}$$

当 $m = 1$ 时,名义利率等于实际利率;当 $m > 1$ 时,实际利率大于名义利率;当 $m \to \infty$ 时,即按连续复利计算时,i 与 r 的关系为:

$$i = \lim_{m \to \infty}\left[\left(1 + \frac{r}{m}\right)^{m} - 1\right] = \lim_{m \to \infty}\left[\left(1 + \frac{r}{m}\right)^{\frac{r}{m}}\right]^{r} - 1 = e^{r} - 1$$

在上例中,若按连续复利计算,实际利率为:

$$i = e^{0.12} - 1 = 1.1257 - 1 = 12.75\%$$

总结可得:

$$r = m(\sqrt[m]{i+1} - 1) = m i_{期}$$
$$i = \left(1 + \frac{r}{m}\right)^{m} = (1 + i_{期})^{m} - 1$$
$$i_{期} = \sqrt[m]{i+1} - 1 = \frac{r}{m}$$

名义利率即非有效利率,是指按单利方法计算的年利息与本金之比。

实际利率即有效利率,是指按复利方法计算的年利息与本金之比。

三、单利计息和复利计息

利息的计算有单利计息和复利计息之分。

(1)单利计息指仅用本金计算利息,利息不再生息。单利计息时的利息计算公式为:

n 个计息周期后的本利和为:

$$F = P \times (1 + n \times i)$$

n 个计息周期后的利息为:

$$I = F - P = P \times i \times n$$

(2)复利计息指用本金和前期累计利息总额之和进行计息。即除最初的本金要计算利息外,每一计息周期的利息都要并入本金,再生利息。

复利计算的本利和计算公式为:

第 1 年年初:有本金 P　　　　第 1 年年末:有本利和 $F = P + P \times i = P \times (1 + i)$

第 2 年年初:有本金 $P \times (1 + i)$　第 2 年年末:有本利和 $F = P \times (1 + i) + P \times (1 + i)i$

　　　　　　　　　　　　　　　　　　$= P \times (1 + i)^2$

第 3 年年初:有本金 $P \times (1 + i)^2$　第 3 年年末:有本利和 $F = P \times (1 + i)^3$

第 n 年年初:有本金 $P \times (1 + i)^{n-1}$ 第 n 年年末:有本利和 $F = P \times (1 + i)^n$

通常,商业银行的贷款是按复利计息的。复利计息比较符合资金在社会再生产过程中运动的实际状况,在技术经济分析中,一般采用复利计息。

 【案例 1-1】

海珠家具制造有限公司以 6％的年利率向银行贷款 1 000 万元,贷款期为5 年,以复利计算。请问 5 年后该公司应支付多少万元利息?

$$复利方法: I = F - P = 1\,000 \times (1 + 6\%)^5 - 1\,000 = 338.23(万元)$$

$$单利方法: I = F - P = P \times i \times n = 1\,000 \times 5 \times 6\% = 300(万元)$$

从[案例 1-1]中可以看到:

(1)当单利计算和复利计算的利率相等时,资金的复利值大于单利值,且时间越长,差别越大。

(2)由于利息是货币时间价值的体现,而时间是连续不断的,所以利息也是不断地发生的。从这个意义上来说,复利计算方法比单利计算更能反映货币的时间价值。因此在技术经济分析中,绝大多数情况是采用复利计算。

(3)复利计息有间断复利和连续复利之分。如果计息周期为一定的时间区间(如年、季、月),并按复利计息,称为间断复利;如果计息周期无限缩短,则称为连续复利。从理论上讲,资金是在不停地运动的,每时每刻都通过生产和流通在增值,但是在实际商业活动中,计息周期不可能无限缩短,因而都采用较为简单的间断复利计息。

任务2 终值和现值分析与 Excel 操作

【工作目标】 在 Excel 的函数工具 *fx* 中,建立了许多有关财务方面的函数,现在我们就用其中关于“现值”和“终值”的函数工具来说明如何操作。

【工作基础】

常用符号的规定如下:

P ——本金或现值;

F ——本利和、未来值或称终值;

A ——等额支付序列值,或称等额年金序列值;

i ——利率或贴现率,也称报酬率或收益率,是期利率。

n ——计息周期数,不一定为年,半年、季度、月、周、日、时等也可以。

某一时点的资金可按一定的利率换算至另一时点(复利方法),换算后其绝对值虽然不等,但其价值是相等的。这一原理称为资金等值原理。这一过程称为等值换算。

说 明

(1) 资金等值 3 个要素:金额、金额发生的时间和折现率,三者缺一不可。

(2) 这里的等值,如 2 个方案的现金流是等值的,是指具有相同的时间价值,目的是对方按进项经济分析,并不表示 2 个投资方案相同或可以替换。

例如,现在的 100 元与 1 年后的 106 元,数量上并不相等,但如果将这笔 100 元的资金存入银行,且年利率为 6% 时,1 年后的本金和利息之和为 106 元 [100×(1+6%)]。即在年利率为 6% 的条件下,现在的 100 元与 1 年之后的 106 元,两者是等值的。

一、一次支付类型的终值和现值分析与 Excel 操作

一次支付又称整付,是指所分析系统的现金流量,无论是流入还是流出,均在一个时点上一次发生。其典型现金流量图如图 1-3 所示。对所考虑的系统来说,如果在考虑资金时间价值的条件下,现金流入恰恰能补偿现金流出,

则 F 与 P 就是等值的。

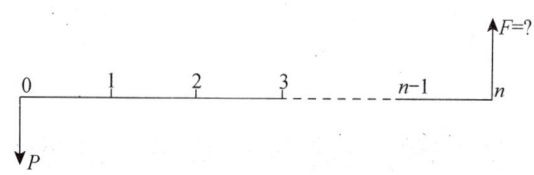

图 1-3　一次支付未来值现金流量图

一次支付的等值终值和现值计算公式有两个。

（一）一次支付终值计算公式

一次支付终值计算公式为：

$$F = P \times (1+i)^n = P \times (F/P, i, n)$$

该公式的经济含义是，已知支出本金（现值）P，当利率（报酬率或收益率）为 i 时，在复利计息的条件下，求第 n 期期末所取得的本利和，即未来值 F。

式中，$(1+i)^n$ 称为一次支付未来值系数或 1 元钱的复利本利和，也可以用符号 $(F/P, i, n)$ 表示可查复利系数表得到。其中，斜线下的 P 以及 i 和 n 为已知条件，而斜线上的 F 是所求的未知量。

 【案例 1-2】

海珠家具制造有限公司某工程项目需要投资，现在向银行借款 100 万元（现值），年利率为 10％，借款期为 5 年，到期一次还清。请问第 5 年年末一次偿还银行的本利和是多少万元？

由一次支付终值公式可直接求得：

$$F = P \times (1+i)^n = 100 \times (1+10\%)^5 = 161.05(万元)$$

也可查复利系数表，得 $(F/P, 10\%, 5) = 1.610\,5$，故可求得：

$$
\begin{aligned}
F = P \times (F/P, i, n) &= 100 \times (F/P, 10\%, 5) \\
&= 100 \times 1.610\,5 \\
&= 161.05(万元)
\end{aligned}
$$

所以，第 5 年年末一次偿还银行本利和 161.05 万元。

则本案例在 Excel 系统操作如下：

在 Excel 的函数工具 f_x 中，建立 $FV(\ )$ 函数，语法为：FV（利率，总期数，每期付款，现值，类型）。

第一步，在选取的一个单元格后单击公式编辑栏上"插入函数"工具 f_x，接着会出现如图 1-4 所示的对话框，在"或选择类别"下选择"财务"类，而在"选择函数下"选择"FV"函数。

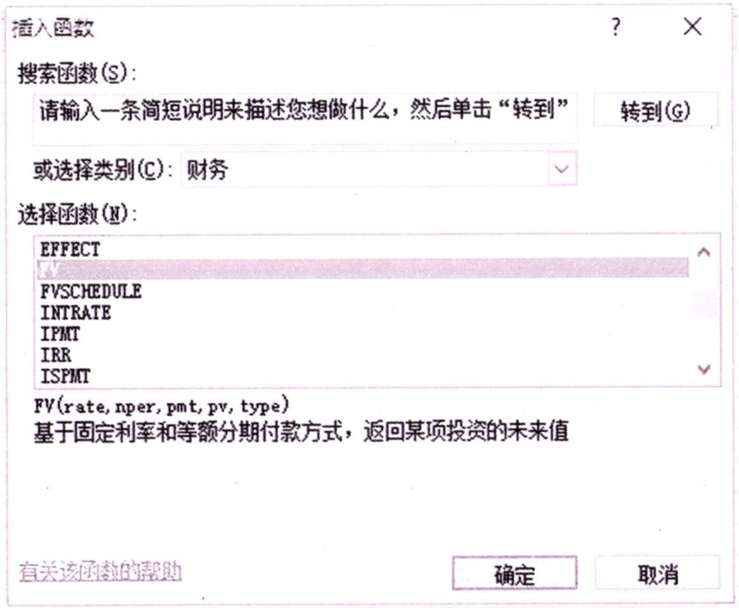

图 1-4　选择财务函数 FV 对话框

第二步，在如图 1-4 所示的对话框，点击"确认"按钮，出现如图 1-5 所示的对话框。

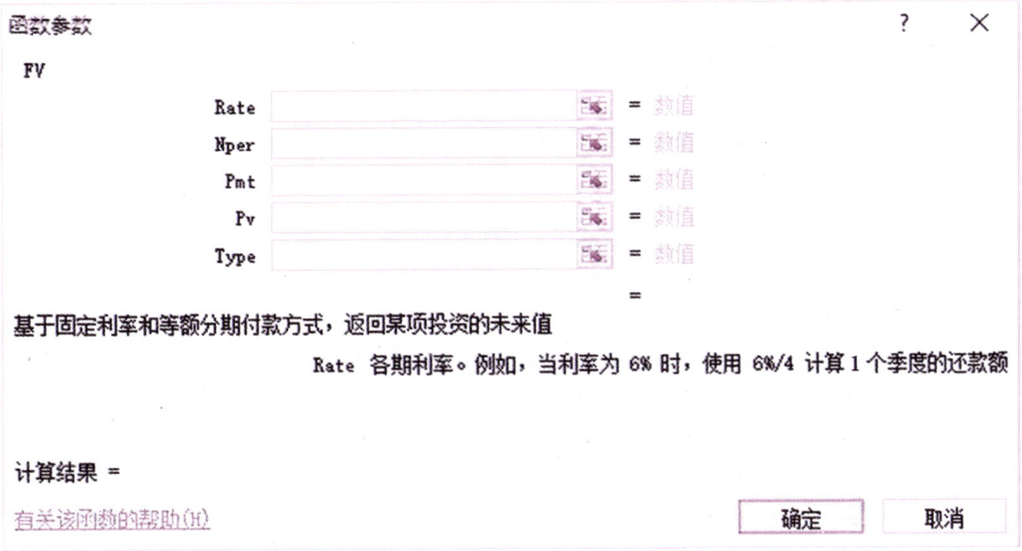

图 1-5　FV 函数的参数对话框

第三步，在图 1-5 中，我们不仅可以看到 FV( ) 函数的"参数"，而且 Excel 还提供了清楚方便的"参数说明"，我们只要在每个参数中填入适当的参数值就可以得到结果。

第四步,完成上一步骤的参数设置,如图 1-6 所示,单击"确认"按钮,即可知终值的结果。

图 1-6　输入 FV 函数的参数

我们可以直接输入函数 $= FV$（10%，5，-100），按【Enter】键即可得到终值的结果,此时 $PV = -100$。

思 考

PV 为什么是 -100? 而不是 100?

因为是 100 万元现金流出量,所以必须在 PV 参数 100 前面加上负号。

(二) 一次支付现值公式

这是已知终值 F 求现值 P 的等值公式,它的经济含义是:如果想在未来的第 n 期期末一次收入 F 数额的现金流量,在利率(资金收益率)为 i 的复利计息条件下求现在应一次投入本金 P 是多少。该公式是一次支付终值公式的逆运算。由终值公式可直接导出,其现金流量图如图 1-7 所示。

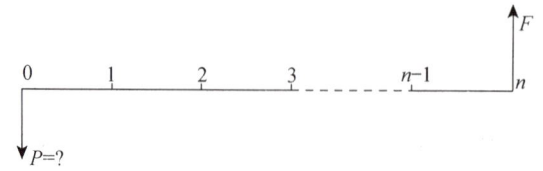

图 1-7　一次支付现值现金流量图

一次支付现值计算公式为：

$$P = F \cdot \frac{1}{(1+i)^n} = F(P/F, i, n)$$

式中，$\frac{1}{(1+i)^n}$ 称为一次支付现值系数，或称贴现系数、1 元钱的现值系数，并可用符号$(P/F, i, n)$ 表示，其系数值可查复利系数表求得。

【案例 1-3】

海珠家具制造有限公司拟在第 5 年年末能从银行取出 2 万元购置一台设备。若年利率为 10%，那么现在应存入银行多少元钱？

由一次支付现值计算公式可直接求得：

$$P = F \times \frac{1}{(1+i)^n} = 2 \times \frac{1}{1+10\%} = 2 \div 0.620\,9 = 1.241\,8（万元）$$

也可查复利系数表得$(P/F，10\%，5) = 0.620\,9$，故求得：

$$P = F(P/F, i, n) = 2 \times (P/F，10\%，5) = 2 \times 0.620\,9 = 1.241\,8（万元）$$

所以，现在应存入银行的现值为 1.241 8 万元。

本案例在 Excel 系统的操作如下：

在 Excel 的函数工具 ƒ 中，建立 $PV（\quad）$ 函数，语法为：PV（利率，总期数，每期付款，未来值，类型）。

我们可以直接输入函数$= PV（10\%，5，\quad，-2）$，按【Enter】键即可得到终值的结果，此时 $FV = -2$，如图 1-8 所示。

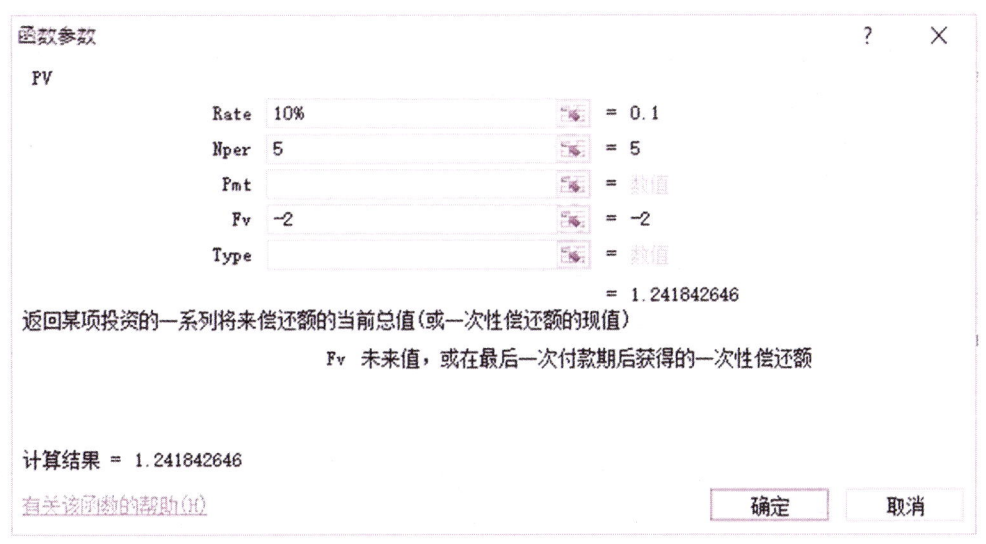

图 1-8　输入 PV 函数的参数

最后,我们得到现值为 1.241 8 万元。

提 示

在本项目中,所有的 Excel 函数操作中第一步、第二步和第四步方法几近相同。为简约描述问题,以下操作只写第三步。

二、等额分付类型的现值和终值分析与 Excel 操作

等额分付是多次支付形式中的一种。多次支付是指现金流入和流出是在多个时点上发生,而不是集中在某个时点上。现金流数额的大小可以是不等的,也可以是相等的。当现金流序列是连续的,且数额相等,则称为等额系列现金流。下面介绍等额系列现金流的 4 个等值计算公式。

(一)等额分付终值公式

如图 1-9 所示,从第 1 年年末至第 n 年年末有一个等额的现金流序列,每年的金额均为 A,称为等额年值。如果在考虑资金时间价值的条件下,n 年内系统的总现金流出等于总现金流入,则第 n 年年末的现金流入 F 应与等额现金流出序列等值。F 相当于等额年值序列的终值。

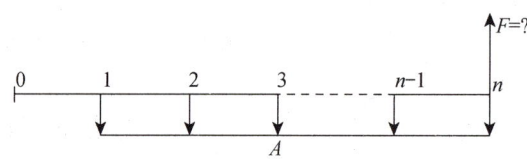

图 1-9 等额序列现金流之一

等额分付终值计算公式的经济含义是,对连续若干期期末等额支付的现金流量 A,按利率 i 复利计息,求其第 n 期期末的未来值 F,即本利和。也就是已知 A、i、n,求 F。依据图 1-9,可把等额序列视为 n 个一次支付的组合,利用一次支付终值公式推导出等额分付终值计算公式为:

$$F = A + A(1+i) + A(1+i) + \cdots + A(1+i)^{n-2} + A(1+i)^{n-1}$$
$$= A[(1+i) + (1+i) + \cdots + (1+i)^{n-2} + (1+i)^{n-1}]$$

利用等比级数求和计算公式,得:

$$F = A\left[\frac{(1+i)^n - 1}{i}\right]$$

式中,$\dfrac{(1+i)^n - 1}{i}$ 称为等额支付序列未来值系数,亦可用符号 $(F/A, i, n)$ 表示,其数值可从复利系数表中查得。

【案例 1-4】

海珠家具制造有限公司为设立退休基金,每年年末存入银行 2 万元,若存

款利率为 10%，按复利计息，第 5 年年末基金总额为多少万元？

由等额分付终值计算公式可得出：

$$F = A \times \left[\frac{(1+I)^n - 1}{i} \right] = 2 \times \left[\frac{(1+0.1)^5 - 1}{0.1} \right]$$
$$= 2 \times 6.105 = 12.21 (万元)$$

也可查复利系数表得 $(F/A，10\%，5) = 6.105$，故得出：

$$F = A \times (F/A, i, n) = 2 \times (F/P, 10\%, 5)$$
$$= 2 \times 6.105 = 12.21 (万元)$$

所以，第 5 年年末基金总额为 12.21 万元。

本案例在 Excel 系统的操作如下：

在 Excel 的函数工具 f_x 中，建立 $FV(\ )$ 函数，语法为：FV(利率,总期数,每期付款,现值,类型)。

我们可以直接输入函数 $= PV (10\%，5，，-2)$，按【Enter】键即可得到终值的结果，此时 $FMT = -2$，如图 1-10 所示。

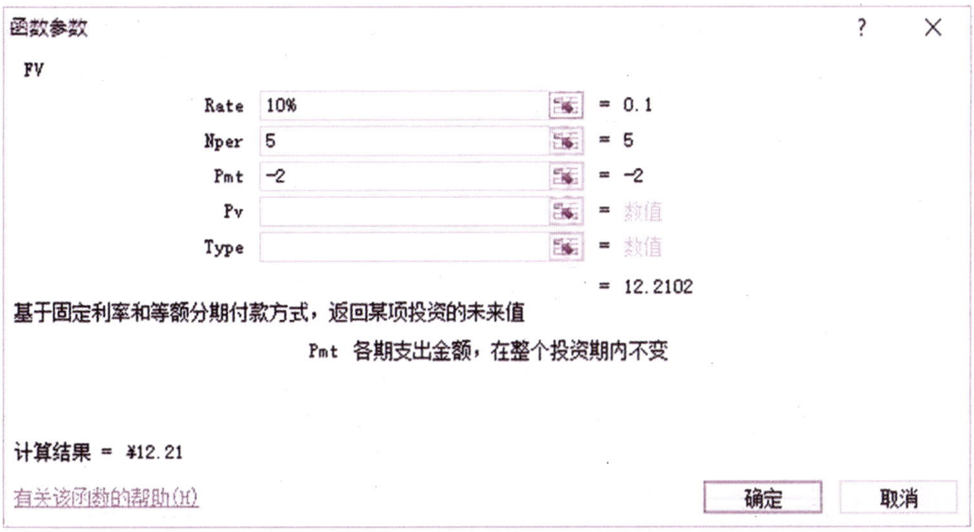

函数参数		?	×
FV			

Rate	10%	= 0.1
Nper	5	= 5
Pmt	-2	= -2
Pv		= 数值
Type		= 数值
		= 12.2102

基于固定利率和等额分期付款方式，返回某项投资的未来值

Pmt 各期支出金额，在整个投资期内不变

计算结果 = ¥12.21

有关该函数的帮助(H)   确定   取消

图 1-10 输入 PV 函数的参数

最后，我们得到现值为 1.241 8 万元。

(二) 等额分付偿债基金计算公式

等额分付偿债基金计算公式也叫等额支付序列投入基金(或基金存储)公式。这个公式的经济含义是，在利率为 i，复利计息的条件下，如果要在 n 期期末能一次收入 F 数额的现金流量，那么在这 n 期内连续每期期末等额偿债基金值 A 应是多少？它是等额分付终值公式的逆运算，也就是已知 F、i、n，求 A。其现金流量图如图 1-11 所示。

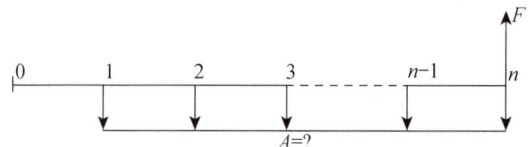

图 1-11　现金流量图之二

等额序列现金流由等额分付终值计算公式可直接导出：

$$A = F \times \left[\frac{i}{(1+i)^n - 1} \right] = F(A/F, i, n)$$

式中，$\dfrac{i}{(1+i)^n - 1}$ 称为等额分付偿债基金系数，可用符号 $(A/F, i, n)$ 表示，其系数值可从复利系数表中查得。

 【案例 1-5】

海珠家具制造有限公司计划自筹资金于 5 年后新建一个基本生产车间，预计需要投资 5 000 万元。若年利率为 5%，在复利计息条件下，从现在起每年年末应等额存入银行多少万元？

解：由等额分付偿债基金计算公式可直接求得：

$$\begin{aligned}
A &= F \times \left[\frac{i}{(1+i)^n - 1} \right] \\
&= 5\,000 \times \frac{5\%}{(1+5\%)^5 - 1} \\
&= 5\,000 \times 0.181 = 905(万元)
\end{aligned}$$

也可查复利系数表得 $(A/F, 5\%, 5) = 0.180\,96 \approx 0.181$ 故求得：

$$\begin{aligned}
A &= F \times (A/F, i, n) = 5\,000 \times (A/F, 5\%, 5) \\
&= 5\,000 \times 0.181 = 905(万元)
\end{aligned}$$

所以，每年年末应等额存入银行 905 万元。

应当指出，采用等额分付偿债基金计算公式进行复利计算时，现金流量的分布必须符合图 1-11 的形式，即连续的等额分付偿债值 A 必须发生在第 1 期期末至第 n 期期末；否则，必须进行一定的变换和换算。

本案例在 Excel 系统的操作如下：

在 Excel 的函数工具 中，建立 PV（　）函数，语法为：PMT（rate, nper, pv, fv, type）。

我们可以直接输入函数 $= PMT$（5%，5，　，$-5\,000$），按【Enter】键即可得到终值的结果，此时 $FV = -5\,000$，如图 1-12 所示。

最后，我们得到期末每年付款为 904.87 万元。

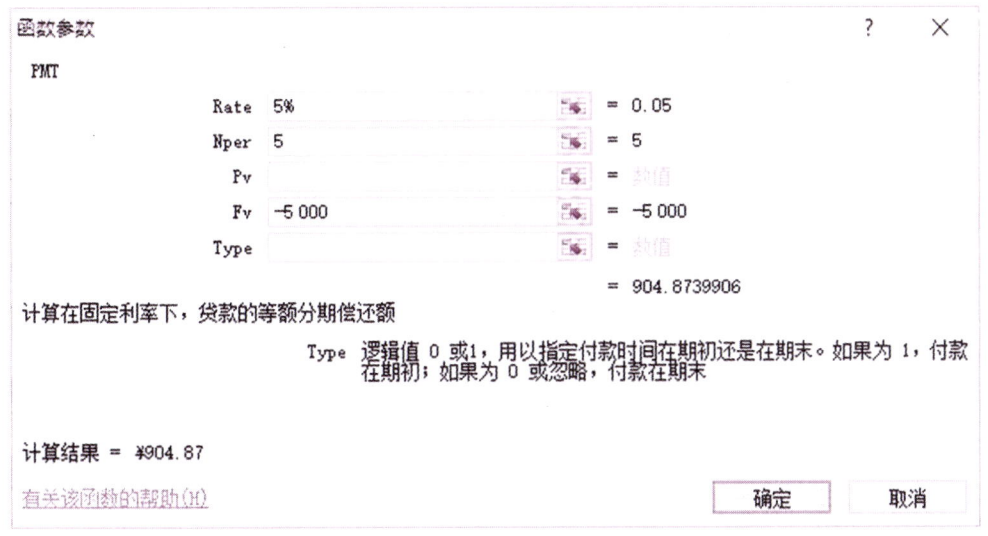

图 1-12　输入 PV 函数的参数

（三）等额分付资本回收计算公式

等额分付资本回收计算公式的经济含义是,有现金流量现值 P,在报酬率为 i 并复利计息的条件下,在 n 期内与其等值的连续的等额分付资本回收值 A 应是多少?这是已知 P、i,求 A。其现金流量图如图 1-13 所示。

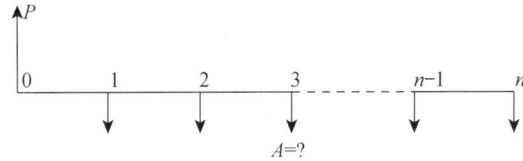

图 1-13　等额序列现金流之三

等额分付资本回收计算公式,可由等额分付偿债基金计算公式和一次支付终值计算公式直接得到:

$$\because A = F \times \left[\frac{i}{(1+i)^n - 1} \right], F = P \times (1+i)^n$$

$$\therefore A = P \times (1+i)^n \cdot \left[\frac{i}{(1+i)^n - 1} \right] = P \times \left[\frac{i(1+i)^n}{(1+i)^n - 1} \right] = P \times (A/P, i, n)$$

式中,$\dfrac{i(1+i)^n}{(1+i)^n - 1}$ 称为等额分付资本回收系数,可用符号 $(A/P, i, n)$ 表示,其系数值可从复利系数表中查得。

【案例 1-6】

海珠家具制造有限公司某工程项目投资借款为 50 万元现值,年利率为

10％,在复利计息条件下,拟定分 5 年于每年年末等额偿还,每年的等额偿还值是多少万元?

由等额分付资本回收计算公式可直接求得:

$$A = P \times \left[\frac{i(1+i)^n}{(1+i)^n - 1} \right] = 50 \times \frac{0.1 \times (1+0.1)^5}{(1+0.1)^5 - 1}$$
$$= 50 \times 0.263\ 8 = 13.19(万元)$$

也可以查复利系数表得(A/P,10％,5)＝0.263 8,故求得:

$$A = P \times (A/P, i, n) = 50 \times (A/P, 10\%, 5)$$
$$= 50 \times 0.263\ 8$$
$$= 13.19(万元)$$

上列计算结果表明,如果每年年末偿还 13.19 万元,则 5 年可将期初借款 50 万元连本带利全部还清。

所以,每年的等额偿还值为 13.19 万元。

本案例在 Excel 系统操作如下:

在 Excel 的函数工具 f_x 中,建立 PV ( )函数。语法为:PMT(rate,nper, pv, fv, type)。

我们可以直接输入函数＝PMT(10％,5,50),按【Enter】键即可得到终值的结果,如图 1-14 所示。

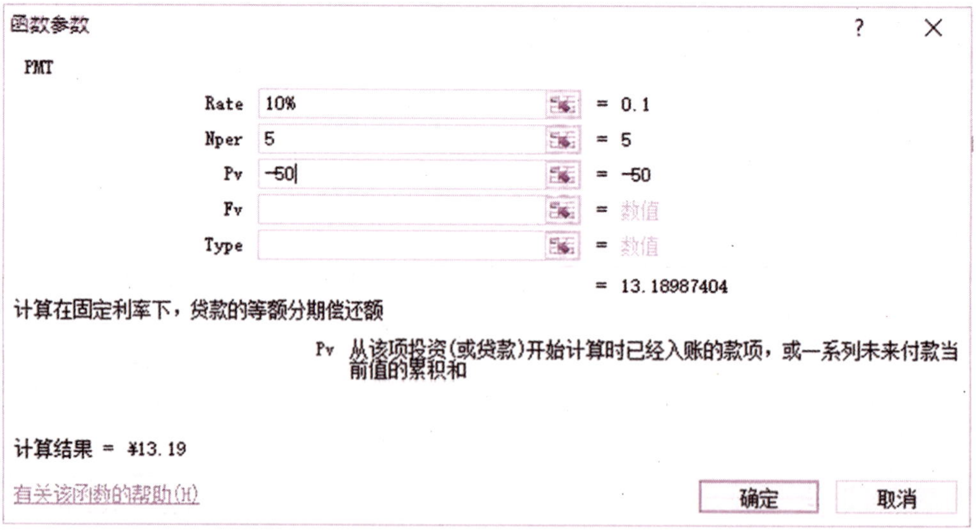

图 1-14　输入 PV 函数的参数

最后,我们得到期末每年付款为 13.19 万元。

(四) 等额分付现值计算公式

等额分付现值计算公式也称等额年金现值计算公式,其经济含义是,在利

率为 i,复利计息的条件下,求 n 期内每期期末发生的等额分付值 A 的现值 P,即已知 A、i、n,求 P。其现金流量图如图 1-15 所示。

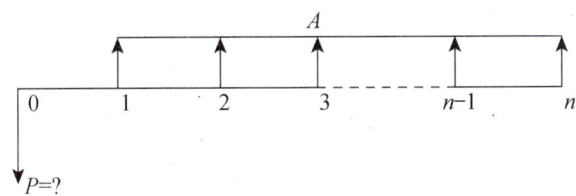

图 1-15 等额序列现金流之四

等额分付现值计算公式,是等额分付资本回收公式的逆运算,即:

$$P = A \times \left[\frac{(1+i)^n - 1}{i(1+i)^n} \right] = A \times (P/A, i, n)$$

式中,$\frac{(1+i)^n - 1}{i-(1+i)^n}$ 称为等额分付现值系数或等额年金现值系数,可用符号 $(P/A, i, n)$ 表示,其系数值可从复利系数表中查得。

 【案例 1-7】

海珠家具制造有限公司某工程 1 年建成并投产,寿命为 10 年,每年净收益为 2 万元,按 10% 的折现率计算,恰好能够在寿命期内把期初投资全部收回。请问该工程期初所投入的资金为多少万元?

由等额分付现值计算公式可得:

$$P = A \times \left[\frac{(1+i)^n - 1}{i(1+i)^n} \right]$$
$$= 2 \times \frac{(1+0.1)^{10} - 1}{0.1 \times (1+0.1)^{10}}$$
$$= 2 \times 6.144\,5 = 12.289(万元)$$

也可查复利系数表得 $(P/A, 10\%, 10) = 6.144\,5$,故求得:

$$P = A \times (P/A, i, n) = 2 \times (P/A, 10\%, 10)$$
$$= 2 \times 6.144\,5 = 12.289\,2(万元)$$

所以,等额支付现值,即期初投资为 12.289 2 万元。

本案例在 Excel 系统操作如下:

在 Excel 的函数工具 f_x 中,建立 $PV(\ )$ 函数,语法为:PV(利率,总期数,每期付款,未来值,类型)。

我们可以直接输入函数 $= PV(10\%, 10, \quad, -2)$,按【Enter】键即可得到终值的结果,此时 $PMT = -2$,如图 1-16 所示。

最后,我们得到现值为 12.29 万元。

函数参数		? ✕
PV		

	Rate	10%	= 0.1
	Nper	10	= 10
	Pmt	-2|	= -2
	Fv		= 数值
	Type		= 数值

= 12.28913421

返回某项投资的一系列将来偿还额的当前总值(或一次性偿还额的现值)

Pmt 是各期所获得的金额,在整个投资期内不变

计算结果 = ¥12.29

有关该函数的帮助(H)   确定   取消

图 1-16　输入 PV 函数的参数

提 示

由于 $\lim\limits_{n\to\infty}\dfrac{(1+i)^n-1}{i(1+i)^n}=\dfrac{1}{i}$,所以当周期数 n 足够大时,可近似认为:

$$P=\frac{A}{i}$$

【案例 1-8】

　　海珠家具制造有限公司某工程项目投资借款为 50 万元现值,年利率为 10%,在复利计息条件下,拟定分 5 年于每年年末等额偿还,该借款每年的等额偿还值是多少万元?

　　由等额分付偿债基金计算公式可直接求得:

$$A=P\times\left[\frac{i(1+i)^n}{(1+i)^n-1}\right]=50\times\frac{0.1\times(1+0.1)^5}{(1+0.1)^5-1}$$
$$=50\times0.263\,8=13.19(万元)$$

　　也可以查复利系数表得(A/P,10%,5)=0.263 8,故求得:

$$A=P\times(A/P,i,n)=50\times(A/P,10\%,5)$$
$$=50\times0.263\,8$$
$$=13.19(万元)$$

　　上列计算结果表明,如果每年年末偿还 13.19 万元,则 5 年可将期初借款

50 万元连本带利全部还清。

所以，每年的等额偿还值为 13.19 万元。

本案例在 Excel 系统操作如下：

在 Excel 的函数工具 f_x 中，建立 PV（ ）函数，语法为：PMT（rate，nper，pv，fv，type）。

我们可以直接输入函数＝PMT（10％，5，50），按【Enter】键即可得到终值的结果，如图 1-17 所示。

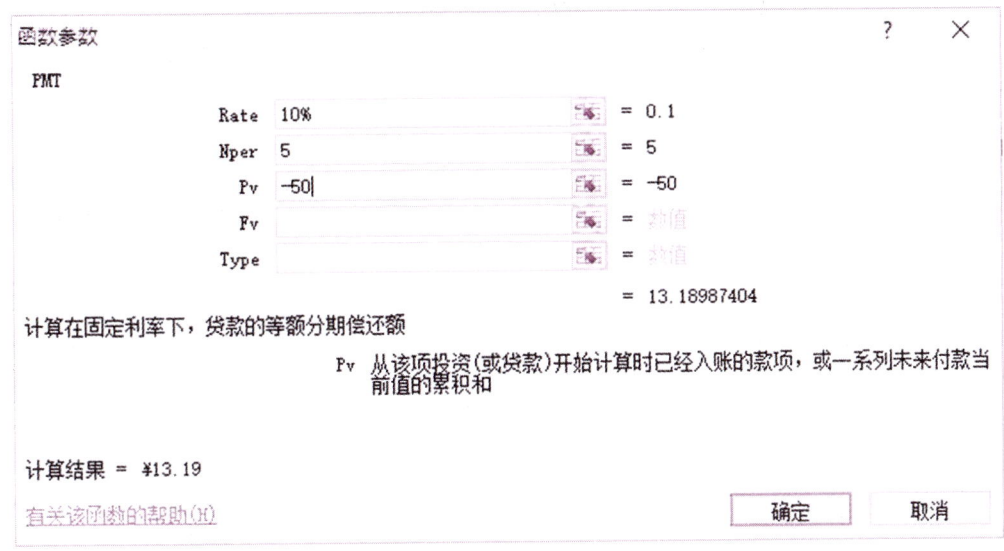

图 1-17　输入 PV 函数的参数

最后，我们得到期末每年付款为 13.19 万元。

 **思　考**

在 13.19 万元中，有多少万元是本金，有多少万元是利息呢？

三、其他关于年金的函数

（一）年金的本金函数

年金的本金函数（$PPMT$），语法：$PPMT$（rate，per，nper，pv，fv，type）。

其在 Excel 系统的操作如下：

可以直接从键盘输入＝$PPMT$（10％，5，5，－50），或者选择"财务函数"的 $PPMT$（ ）函数，然后输入相关的参数值，得到如图 1-18 所示的结果。

函数参数

PPMT

Rate	10%		= 0.1
Per	1		= 1
Nper	5		= 5
Pv	−50		= −50
Fv			= 数值

= 8.18987404

返回在定期偿还、固定利率条件下给定期次内某项投资回报(或贷款偿还)的本金部分

　　　　　Nper　总投资(或贷款)期,即该项投资(或贷款)的付款期总数

计算结果 = 8.18987404

有关该函数的帮助(H)　　　　　　　　　　　　　　　确定　　　取消

图 1-18　第 1 年支付的本金

第 1 年需要支付 8.19 万元;同理,图 1-19 将返回的最后 1 年、第 5 年的本金支付额为 11.99 万元。

函数参数

PPMT

Rate	10%		= 0.1
Per	5		= 5
Nper	5		= 5
Pv	−50		= −50
Fv			= 数值

= 11.99079458

返回在定期偿还、固定利率条件下给定期次内某项投资回报(或贷款偿还)的本金部分

　　　　　Per　用于计算其本金数额的期次,它必须介于 1 和付款总次数 nper 之间

计算结果 = 11.99079458

有关该函数的帮助(H)　　　　　　　　　　　　　　　确定　　　取消

图 1-19　第 5 年支付的本金

注 意

Per 用于计算本金数额的期次,必须介于 1 和付款总次数 nper 之间。

(二) 年金中的利息函数

年金中的利息函数（IPMT），语法：IPMT(ratc, per, nper, pv, fv, type)。

其在 Excel 系统的操作如下：

可以直接从键盘输入＝IPMT(10％,5,5,－50)，或者选择"财务函数"的 IPMT( )函数，然后输入相关的参数值，得到如图 1-20 所示结果。

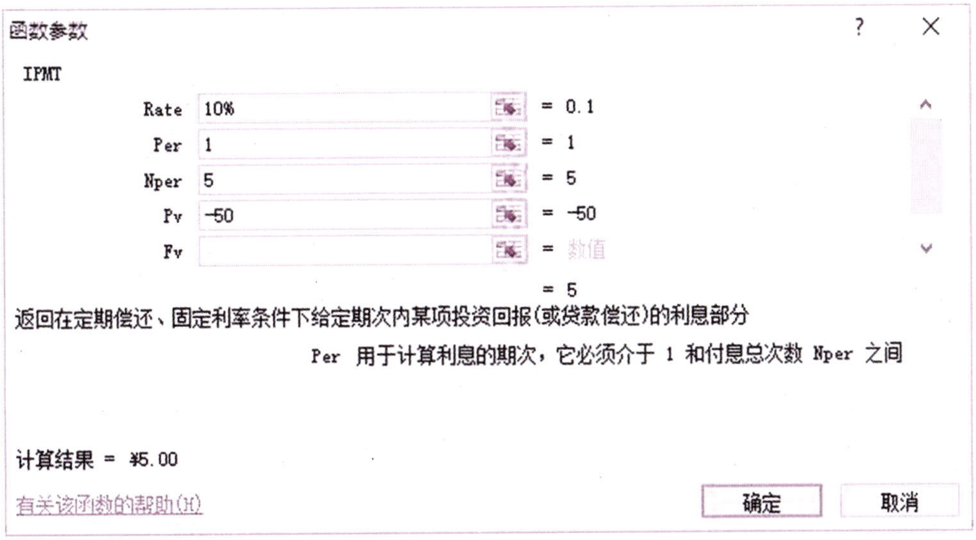

图 1-20　第 1 年的利息

第 1 年需要支付 8.19 万元；同理，图 1-21 将返回的最后 1 年，第 5 年的本金支付额 11.99 万元。

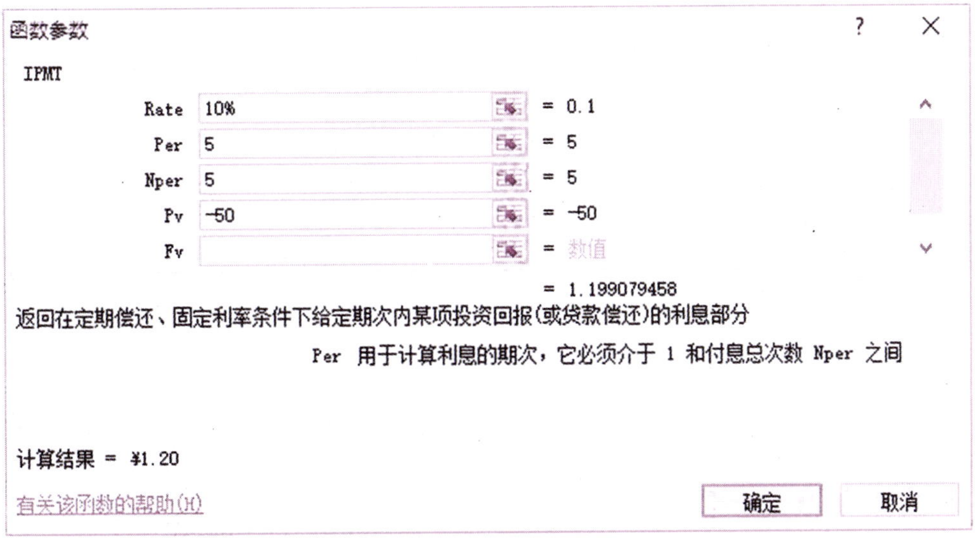

图 1-21　第 5 年支付的利息

如图 1-22 所示,等额本息还款时每期还款为 13.19 万元,且 1～5 期本金分别是¥8.19、¥9.01、¥9.91、¥10.90、¥11.99 万元,呈上升趋势,而 1～5 期利息分别是¥5.00、¥4.18、¥3.28、¥2.29、¥1.20,呈下降趋势。细看,三个函数之间存在着以下关系:PMT( )=PPMT( )十 IPMT( )。

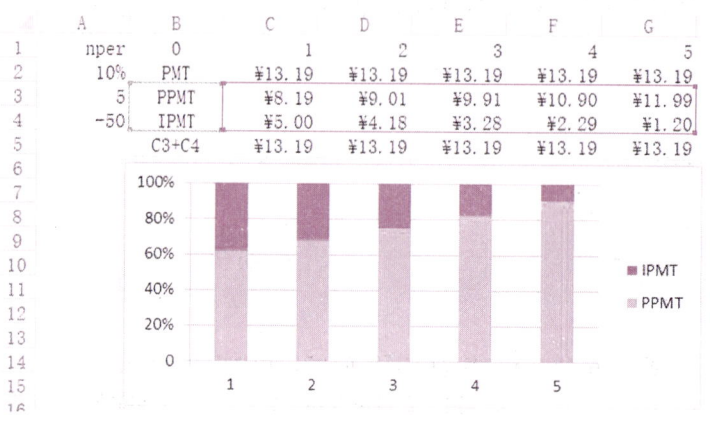

图 1-22 函数关系图

(三) 利率函数

利率函数(RATE),语法:RATE(nper,pmt,pv,fv,tpe,guess)。

【案例 1-9】

运用 RATE 函数,计算贷款金额为 8 000 元的 4 年期、月支付额为 200 元的贷款的利率。

其在 Excel 系统的操作如下:

可以直接从键盘输入 RATE(48,—200,8 000),或者选择"财务函数"的 RATE( )函数,然后输入相关的参数值,得到如图 1-23 所示结果。

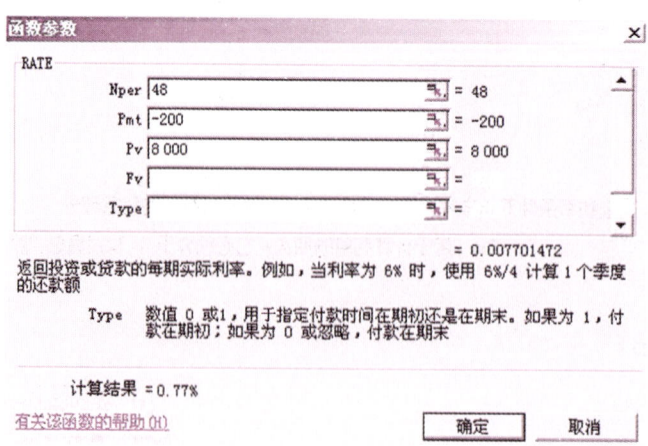

图 1-23 贷款的利率

因为按月计息,故结果为月利率,年利率为9.24%(0.77%×12)。

(四)总期数函数

总期数函数(NPER),语法:NPER(rate, pmt, pv, fv, type)。

【案例1-10】

运用NPER函数计算金额为36 000元的贷款,年利率为8%,每年年末支付金额为9 016元,计算需要多少年才能支付完。

本案例在Excel系统的操作如下:

可以直接从键盘输入NPER(8%,9 016,-36 000),或者选择"财务函数"的NPER( )函数,然后输入相关的参数值,得到如图1-24所示结果。

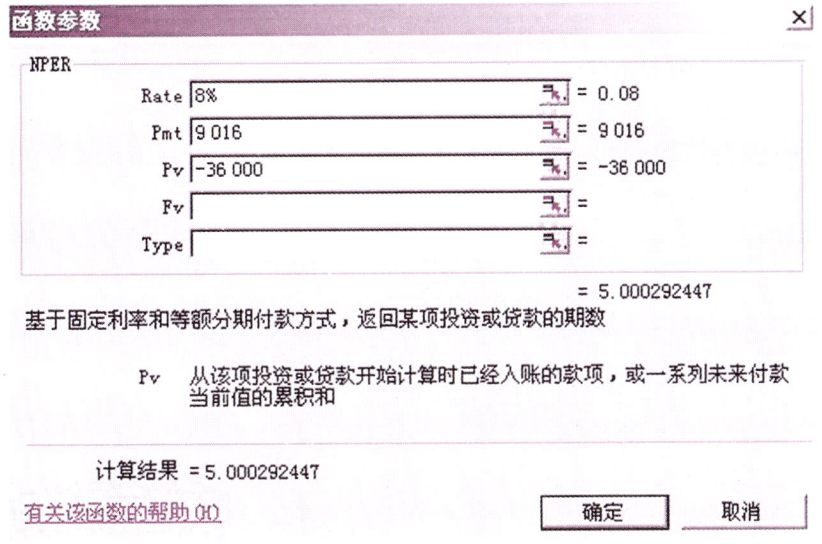

图1-24 支付的期间

任务3 货币时间价值在Excel中的综合应用

【工作目标】 熟练应用Excel函数,应用货币时间价值对财务管理活动进行分析和决策。

【工作基础】

一、普通、预付、递延、永续年金的终值与现值分析

(一)年金的终值计算

1. 普通年金终值

普通年金终值是指每期收付款项的复利终值之和。其计算公式推导

如下：

设：F—— 年金终值；

A—— 等额收付款项；

i—— 利率；

n—— 期数。

按复利计算的普通年金终值计算公式为：

$$F = A \times \frac{(1+i)^n - 1}{i} = A \times \sum_{t=1}^{n} (1+i)^{n-1}$$

式中，$\sum_{t=1}^{n} (1+i)^{n-1}$ 或 $\frac{(1+i)^n - 1}{i}$ 称为普通年金终值系数（或1元年金终值），用符号 $(F/A, i, n)$ 表示，可查年金终值系数表得知其数值。它反映的是 1 元年金在利率为 i 时，经过 n 期的复利终值。

2. 预付年金终值

预付年金终值是指每期期初等额收付款项的复利终值之和。由于预付年金比普通年金早付 1 期，即多付 1 期利息是普通年金现值系数的"1+ i"倍，所以其计算公式可作如下推导：

$$F = A \times \frac{(1+i)^n - 1}{i} \times (1+i)$$

式中，$\frac{(1+i)^n - 1}{i} \times (1+i)$ 是预付年金终值系数，记为 $[(F/A, i, n+1) - 1]$，与普通年金终值系数相比，期数加 1，系数减 1。

3. 递延年金终值

递延年金终值的计算与递延期无关，因为递延年金终值的计算不考虑递延期。递延期后的等额系列收付款项若发生在各期期末，则其终值计算与普通年金终值计算方法完全相同；递延期后的等额系列收付款项若发生在各期期初，则其终值计算与预付年金终值计算方法完全相同。

4. 永续年金终值

永续年金是指无限期定额支付的年金，永续年金没有期限，因而没有终值。

（二）年金的现值计算

1. 普通年金现值

普通年金现值是指每期期末等额系列收付款项的现值之和。若用 P 代表年金现值，其计算公式推导为：

$$P = A \times \frac{(1+i)^{-n}}{i}$$

式中，$\frac{(1+i)^{-n}}{i}$ 被称为年金现值系数或1元年金现值，它表示1元年金在利率为 i 时，经过 n 期复利的现值，记为 $(P/A, i, n)$，可通过"普通年金现值系数表"查得其数值。

2. 预付年金现值

预付年金现值是指每期期初等额收付款项的复利现值之和,因为比普通年金多计息 1 期,所以预付年金现值系数是普通年金现值系数的"$1+i$"倍。其计算公式可作如下推导:

$$P = A \times \frac{1-(1+i)^{-(n-1)}}{i} + 1$$

式中,$\frac{1-(1+i)^{-(n-1)}}{i}+1$ 是预付年金现值系数,记作 $[(P/A, i, n-1)+1]$ 或 $(P/A, i, n) \times (1+i)$。与普通年金现值系数的关系可表述为:预付年金现值系数是普通年金现值系数期数减 1,系数加 1。

3. 递延年金现值

假设递延期为 m,递延期后发生 n 期年金,利率为 i,则递延年金现值有以下两种计算方法。

方法一:若递延期后年金为普通年金,则先求出递延期末 n 期普通年金的现值,即折算到第 n 期期初,第 m 期期末,再依据复利现值的计算方法将此数值折算到第一期期初。其计算公式为:

$$P = A \times (P/A, i, n)(P/F, i, m)$$

方法二:假设递延期也发生年金,若递延期后年金为普通年金,则此时发生年金的期数为 $(m+n)$,可依据普通年金现值的计算方法求出 $(m+n)$ 期普通年金的现值,再扣除递延期 (m) 实际并未发生年金的现值。其计算公式为:

$$P = A \times [(P/A, i, m+n) - (P/A, i, m)]$$

4. 永续年金

永续年金没有期限,因而没有终值。其现值可通过普通年金现值公式推导:

$$P = A \times \frac{1-(1+i)^{-n}}{i}, \quad \text{当} \ n \to \infty \ \text{时}, \frac{1-(1+i)^{-n}}{(1+i)^{-n} \to 0},$$

故上式可推导为:$P = A \times \dfrac{1}{i}$

二、普通、预付年金 *FV*、*PV*、*PMT* 的综合运用

【案例 1-11】

海珠家具制造有限公司为员工制订资金筹集计划,计划 6 年后对部分员工进行培训,完成培训需要 4 年,每年的培训费用需要在年初支付。已知现在培训 1 年费用为 100 万元,估计年通货膨胀率为 5%,在考虑通货膨胀的条件下存款的复利年利率为 8%。若公司计划在今后的 6 年中每年年初存入银行

等额的资金,那么,每年应存入银行多少元? 若公司计划在今后的 6 年中每年
年末存入银行等额的资金,则每年应存入银行多少元?

首先,我们要考虑的是,在 5% 的通货膨胀下,6 年后开始对员工培训 4 年
的费用相当于第 6 年年末的价值是多少? 其次,根据 6 年后开始对员工培训 4
年的费用相当于第 6 年年末的价值,计算从现在起每年应等额存入银行多
少元?

方法一:第 1 阶段为 0～6 年;第 2 阶段为 6～10 年,重新编为 0～4 年。

首先,用 FV($B$148, H146,,$B$147),并相对引用 H146,按 5%
利率求得第 6、第 7、第 8、第 9 年后学费分别为 ¥134.01 万、¥140.71 万、
¥147.75 万、¥155.13 万,然后用＝PV(B149, I145,,−1147),将 ¥140.71
万、¥147.75 万、¥155.13 万,按 8% 利率,期初为 1、期初为 2、期初为 3,折现
为 ¥130.29 万、¥126.67 万、¥123.15 万,并与第 1 阶段的第 6 年,即第 2 阶段
的第 1 年年初价值 ¥134.01 万求和得到 6 年后开始对员工培训 4 年的费用相
当于第 6 年年末的价值是 ¥514.11 万,然后再用 PMT 求每年年初应等额存入
70.08 万元,年末则为 64.89 万元。其解法如图 1-25 所示。

	H147	▼		fx	=FV($B$148,H146,,$B$147)						
	A	B	C	D	E	F	G	H	I	J	K	L
144	第 1 阶段为 0~6 年,第 2 阶段为 6~10 年,重新编为 0~4 年。										
145								0	1	2	3	4
146	0		1	2	3	4	5	6	7	8	9	10
147	−100							¥134.01	¥140.71	¥147.75	¥155.13	
148	5%							130.2871				
149	8%							126.668				
150								123.1494				
151								¥514.11				
152	期初等额存款										
153	¥−70.08	¥−70.08	¥−70.08	¥−70.08	¥−70.08	¥−70.08					
154		期末等额存款										
155		¥−64.89	¥−64.89	¥−64.89	¥−64.89	¥−64.89	¥−64.89				

图 1-25　方法一解法图

方法二:思路同方法一,只是"求 6 年后开始对员工培训 4 年的费用相当
于第 6 年年末的价值是 ¥514.11 万"的方法不同,其余同上。面对第 1 阶段的
第 6、第 7、第 8 和第 9 年后学费分别为 ¥134.01 万、¥140.71 万、¥147.75 万、
¥155.13 万这样的非年金现金流,我们通过实际利率＝(名义利率－通胀
率)÷(1＋通胀率),将非年金现金流转化为以 A＝¥134.01 万的期初年金,然
后用 PV 求得"求 6 年后开始对员工培训 4 年的费用相当于第 6 年年末的价值
多少",得到的解同样是 ¥514.11 万。

本方法在 Excel 系统的操作如下:

如图 1-26 所示,实际利率＝(名义利率－通胀率)÷(1＋通胀率)＝
(8%－3%)÷(1＋3%)＝(B149－B148)÷(1＋B148)＝2.86%。使用＝PV
(B157, L145, H147,,1),即 rate＝2.86%, nper＝4, PMT＝134.01, type＝

1,求得第 2 阶段的现值为¥514.11 万,作为第 1 阶段的终值。

图 1-26 方法二解法图

项目任务综合训练

【训练 1-1】 假设您打算购买一份保险,合同成本为 1 100 000 元,该合同约定在未来的 20 年间,保险公司每月将给您支付 6 000 元,此时的年利率是 3.5%,请问可否购买这份保险? 当利率为多少时这份保险合同就是一份公平的和约?

操作提示:本题使用的是 PV( )函数和 RATE( )函数。

【训练 1-2】 某企业准备 10 年后购买一台设备,为此该企业现在将 5 万元存入银行,此外还计划在以后的前 5 年中每年年末存入银行 1 万元,在后 5 年中每年年末存入银行 2 万元。假设银行存款的年利率为 8%,复利计息,则第 10 年年末该企业可以从银行取出多少元? 若 10 年后需要购买的设备价值 30 万元,该企业届时能否购买此设备?

操作提示:本题使用的是复利和年金的 FV( )函数。

【训练 1-3】 小王欲使用银行贷款购房,年利率为 12%,贷款金额为 40 万元,贷款期限为 6 年,每月月初还款。请问每月还款额为多少元? 6 年到期后总计还款金额为多少元?

操作提示:本题使用的是年金的 PMT( )函数和 FV( )函数。

【训练 1-4】 分析以下 3 种购房头期款筹备的方案哪一种最理想?(假设头期款金额为 100 万元)

方案一,向中国工商银行办理 4 年期的贷款,年利率 9%。

方案二,向姐姐借款,4 年期,不计利息,到期还本 140 万元。

方案三,向建设银行申请为期20年的贷款,每年年末分期付给银行12万元,到期不需还本。

操作提示:本题可以使用 PV( )函数或者 RATE( )函数来比较大小,以便选择方案。

Excel 在筹资管理中的应用

【项目描述】

　　企业筹资管理是指企业根据其生产经营、对外投资和调整资本结构的需要,通过筹资渠道和资本(金)市场,运用筹资方式,经济有效地筹集为企业所需的资本(金)的财务行为。

【能力目标】

◆ 能够熟练运用销售百分比法及线性回归法对企业资金需求量进行预测。
◆ 能够掌握并灵活运用资本成本的概念和计算方法进行筹资和投资方面的理财决策。
◆ 能够根据不同因素确定企业的最佳资本结构。

【典型任务】

　　通过 Excel 基本知识的学习和基本操作技能的训练,读者能熟练掌握资金需求量预测方法、个别资本成本、综合资本成本、边际资本成本、经营杠杆 DOL、财务杠杆 DFL、总杠杆 DTL、每股收益无差别点的 Excel 管理,以灵活地应用于筹资管理工作。

筹资决策案例

名师精品·

Gaozhigaozhuan Kuaiji Xilie

高职高专会计系列

任务 1 资金需要量预测

资金需要量预测是指根据企业未来的发展目标和现实条件,参考有关资料,利用专门方法对企业未来其一时期内的资金需要量所进行的推测和估算。合理预测一定时期的资金需要量,对于保证资金供应、有效组织资金运用、提高资金利用效果具有重要的意义。

【工作目标】 资金需要量的预测方法主要有销售百分比法、线性回归资金预测法和因果分析预测法等,这里我们重点分析前两种方法。

【工作基础】

一、销售百分比法

销售百分比法是指根据资金各个项目与销售收入之间的依存关系,并结合销售收入的增长情况来预测计划期企业需要从外部追加筹措资金数额的方法。运用销售百分比法预测资金需要量的具体步骤如下:

(1)将资产负债表上的全部项目划分为敏感性项目和非敏感性项目。敏感性项目是指其金额随销售收入的变动呈同比率变动的项目;非敏感性项目是指其金额不随销售收入自动呈比例增减变动的项目。敏感性资产项目一般包括现金、应收账款、存货,如果企业的生产能力没有剩余,那么继续增加销售收入就需要增加新的固定资产投资,在这种情况下,固定资产也成为敏感性资产。非敏感性负债项目一般包括应付账款、应交税费等。由于长短期借款都是可以人为安排的,不随销售收入自动呈比例变动,所以是非敏感性项目。

(2)对于各个敏感性项目,计算其基期的金额占基期销售收入的百分比,并分别计算出敏感性资产项目占基期销售收入百分比的合计数和敏感性负债项目占基期销售收入百分比的合计数。

(3)根据计划期的销售收入和销售净利润率,结合计划期支付股利的比率,确定计划期内部留存收益的增加额。

(4)根据销售收入的增长额确定企业计划期需要从外部筹措的资金需要量。其计算公式为:

$$EFR = \Delta\left(\frac{A}{S}\right) \times (S_1 - S_0) - \Delta\left(\frac{L}{S}\right) \times (S_1 - S_0) - S_1 \times R \times (1 - D) + F_1$$

式中: EFR ——外部融资需求量(external funds needed);

S_0 ——基期销售额;

S_1 ——计划销售额;

$\Delta(A/S)$ ——敏感资产占基期销售额百分比;

$\Delta(L/S)$ ——敏感负债占基期销售额百分比;

R ——销售净利率;

D——股利支付率；

F_1——计划期零星资金需求。

其基本原理可概括为：

追加的外部融资＝增加的资产－自然增加的负债－增加的留存收益

当企业计划期需要从外部筹措资金时，计算公式为：

追加的外部融资＝增加的资产－自然增加的负债－增加的留存收益＋计划资金需求量

【案例 2-1】

广东海珠家具制造有限公司 2016 年的销售收入为 25 000 万元，销售净利润率为 10％，净利润的 60％分配给投资者，2016 年 12 月 31 日该公司的资产负债表(简表)如表 2-1 所示。该公司 2017 年计划销售收入比上年增长 20％，为实现这一目标，公司需新增设备一台，价值 148 万元。据历年财务数据分析，公司流动资产与流动负债随销售额同比率增减。假定该公司 2017 年的销售净利率和利润分配政策与上年保持一致。计算 2017 年公司所需的外部资金需求量。

表 2-1

广东海珠家具制造有限公司资产负债表

2016 年 12 月 31 日 单位：万元

资　产	期末余额	负债和所有者权益	期末余额
货币资金	1 500	应付账款	1 500
应收账款	3 000	应付票据	2 000
存货	6 000	长期借款	9 000
固定资产	7 000	实收资本	4 000
无形资产	1 000	留存收益	2 000
资产总计	18 500	负债和所有者权益总计	18 500

本案例在 Excel 系统的操作如下：

第一步，新建"销售百分比法预测资金需求量"的工作簿，对有关项目是否敏感进行判断，填入单元格 B13：B17 和单元格 E13：E17 中，如图 2-1 所示。

第二步，利用逻辑函数 IF 判断资产、负债项目的敏感性，在单元格 C13 中输入公式"＝IF(B13＝"是",B4/＄G＄4,"不适用")"，然后将其往下一直复制到单元格 C17；并在单元格 C18 中输入公式"＝SUM(C13：C17)"。

第三步，在单元格 F13 中输入公式"＝IF(E13＝"是",D4/＄G＄4,"不适用")"，然后将其往下一直复制到单元格 F17；并在单元格 F18 中输入公式"＝SUM(F13：F17)"。

第四步，在单元格 B19 中输入"＝C18＊(H4－G4)－F18＊(H4－G4)－H4＊H5＊(1－H6)＋H7"，可求该公司 2017 年的外部资金需要量为 348 万元。

图 2-1　销售百分比预测资金需求量

销售百分比法是资金需要量预测中比较简单的一种方法,适合预测较短期的资金变动,但无法对长期资金需要量进行准确预测。

二、线性回归资金预测法

线性回归资金预测法是资金习性预测法中的一种。资金习性是指资金的变动同产销量(或销售额)变动之间的依存关系。资金按照习性不同可以分为不变资金、变动资金和半变动资金。

不变资金是指在一定的产销量范围内,不受产销量变动的影响而保持固定不变的那部分资金。不变资金包括为维持营业而占用的最低数额的现金,存货的保险储备,厂房、机器设备等固定资产占用的资金。

变动资金是指随产销量的变动而呈同比例变动的那部分资金。它一般包括直接构成产品实体的原材料等占用的资金。另外,超过保险储备以外的现金、存货、应收账款等也具有变动资金的性质。

半变动资金是指虽然受产销量变化的影响,但不呈同比例变动的资金,如一些辅助材料上占用的资金。半变动资金可采用一定的方法划分为不变资金和变动资金两部分。

线性回归法就是根据过去一定时期的销售量和资金总额,运用反映资金量和销售量之间关系的回归直线方程,并据此确定资金总额中的变动资金和固定资金的一种定量分析方法。线性回归中常用函数如下所示。

(一) LINEST 函数

功能:使用最小二乘法计算对已知数据进行最佳线性拟合的直线方程,并返回描述此线性模型的数组。因为此函数返回数值为数组,故必须以数组公式的形式输入。

公式为:

$$=\text{LINEST}(\text{known\_y's}, \text{known\_x's}, \text{const}, \text{stats})$$

式中:known_y's——因变量 y 的观测值的集合;

known_x's——自变量 x 的观测值的集合;

const——逻辑值,指明是否强制使常数 b 为 0(线性模型)或为 1(指数模型)。如果 const 为 true 或省略,b 将被正常计算;如果 const 为 false,b 将被设为 0(线性模型)或设为 1(指数模型)。

当只有一个自变量 x(即一元线性回归分析)时,可直接利用下面的公式得到斜率和 y 轴的截距值以及相关系数:

斜率:INDEX(LINEST(known_y's, known_x's), 1, 1);

或　　　　INDEX(LINEST(known_y's, known_x's), 1)。

截距:INDEX(LINEST(known_y's, known_x's), 1, 2);

或　　　　INDEX(LINEST(known_y's, known_x's), 2)。

(二) SLOPE 函数

功能:返回根据 known_y's 和 known_x's 中的数据点拟合的线性回归直线的斜率。

公式为:

$$=\text{SLOPE}(\text{known\_y's}, \text{known\_x's})$$

(三) INTERCEPT 函数

功能:利用已知的 x 值与 y 值计算直线与 y 轴的截距。

公式为:

$$=\text{INTERCEPT}(\text{known\_y's}, \text{known\_x's})$$

(四) FORECAST 函数

功能:根据给定的数据计算或预测未来值。此预测值为基于一系列已知的 x 值推导出的 y 值。以数组或数据区域的形式给定 x 值和 y 值后,返回基于 x 的线性回归预测值。

公式为:

$$=\text{FORECAST}(x, \text{known\_y's}, \text{known\_x's})$$

式中,x 为需要进行预测的数据点。

说　明

　　如果 x 为非数值型,函数 FORECAST 返回错误值♯VALUE!。如果 known_y's 和 known_x's 为空或含有不同数目的数据点,函数 FORECAST 返回错误值♯N/A。如果 known_x's 的方差为零,函数 FORECAST 返回错误值♯DIV/0!。

　　例如,FORECAST(30, {6, 7, 9, 15, 21}, {20, 28, 31, 38, 40})＝10.607 25。

【案例 2-2】

广东海珠家具制造有限公司销售量和资金占用变化情况如图 2-2 所示。该公司 2016 年预计销售量为 1 800 件,试采用回归分析法预测 2016 年的资金需要量。假设资金需要量与销售量的关系为如下的一元线性关系:资金需求量$(y)=a+b×$销售量(x),这里 a、b 为待估计参数。

	A	B	C
1		**销售量与资金占用情况资料**	
2	年度	产量(x万件)	资金占用(y万元)
3	2008	1 100	500
4	2009	1 000	475
5	2010	1 200	525
6	2011	1 300	550
7	2012	1 400	575
8	2013	1 600	625
9	2014	1 500	600
10	2015	1 700	650
11		**回归分析法预测资金需求量(y=a+bx)**	
12	预测方程变量项b	0.25	公式为"=SLOPE(C3:C10,B3:B10)"
13	预测方程常量a	225	公式为"=INTERCEPT(C3:C10,B3:B10)"
14	2016年预计销售量	1 800	
15	2016年资金需求量(1)	675	
16	2016年资金需求量(2)	675	公式为"=FORECAST(B14,C3:C10,B3:B10)"
17			

回归分析法预测资金需求量

图 2-2 回归分析法预测资金需求量

本案例在 Excel 系统的操作如下:

第一步,在单元格 B12 中输入预测方程变量项 b 的计算公式"=SLOPE(C3:C10,B3:B10)",在单元格 B13 中输入预测方程常数项 a 的计算公式"=INTERCEPT(C3:C10,B3:B10)"。

第二步,在单元格 B15 中输入 2016 年资金需要量的计算公式"=B13+B12*B14"。则在 2016 年预计产销量为 1 800 万件的情况下,资金需要量预计为 675 万元。

第三步,在单元格 B16 中输入 2016 年资金需要量的计算公式"=FORECAST(B14,C3:C10,B3:B10)",同样也可以得出在 2016 年预计产销量为 1 800 万件的情况下,资金需要量预计为 675 万元。

任务 2 筹资成本分析

天下没有免费的午餐。这对于每个企业来说也是一样的,企业生产经营过程中的所有资本都是有成本的。所谓资本成本,就是指资本的价格。企业

名师精品·
Gaozhigaozhuan Kuaiji Xilie
高职高专会计系列

的资本成本主要由债务资本成本和权益资本成本组成。对于企业的权益资本成本,大多数企业经营者往往存有"免费资本"的幻觉,以为通过权益筹集到的资本既不用还本付息,也不用承担什么风险。于是,他们舍弃较低的利率水平下的债务融资,而热衷于发行股票、配股或增发新股。正是他们忽视权益资本成本的存在,对权益资本不计成本、随心所欲地使用,结果不断出现投资失误、重复投资、投资低效益等不符合企业长期利益及损害股东财富的决策行为。

【工作目标】 熟练运用 Excel 进行个别资金成本、综合资金成本和编辑资金成本的分析与管理。

【工作基础】

资本成本是企业为筹集和使用资金而支付的各种费用。它包括筹资费用和使用费用。

(1) 筹资费用。筹资费用是指企业在资金筹措过程中为取得资金而支付的各种费用,包括银行借款的手续费、发行股票、债券需支付的广告宣传费、印刷费、代理发行费等。筹资费用通常是在筹措资金时一次支付的,在资金使用过程中不再发生。

(2) 使用费用。资金使用费是指企业因使用资金而支付给投资者的报酬。如股利、利息,包括资金时间价值和投资者要考虑的投资风险报酬两部分,投资风险大的项目,其使用费率则较高。

一、个别资本成本

(一) 普通股资金成本

1. 股利折现模型

如果每年股利固定不变,假定为 D,则可视为永续年金,普通股筹资费用率为 f 时,则有:

$$K_s = \frac{D_1}{P_0 \times (1-f)}$$

许多公司的股利都是不断增加的,假设年增长率为 g,则普通股资金成本的计算公式为:

$$K_s = \frac{D_1}{P_0 \times (1-f)} + g$$

式中:D_1——第 1 年的股利;

P_0——普通股成本;

f——普通股筹资费用率;

g——股利增长率。

2. 资本资产定价模型

采用资本资产定价模型计算普通股成本的计算公式为:

$$K_c = R_f + \beta \times (R_m - R_f)$$

式中：R_m——市场投资组合的期望收益率；

$\quad R_f$——无风险利率；

$\quad \beta$——某公司股票收益相对于市场投资组合期望收益率的变动幅度。

（二）优先股资本成本

优先股筹资需支付筹资费用和优先股股利，优先股股利需定期按固定的股利率向持股人支付股利。优先股股利支付需在所得税后进行，不具有所得税的抵减作用。因此，可以把优先股股利视为一种永续年金。

由此可得优先股资金成本计算公式为：

$$K_P = \frac{D}{P_0}$$

企业发行优先股产生的筹资费用，由上式进行调整求得：

$$K_P = \frac{D}{P_0 \times (1-f)}$$

式中：K_P——优先股成本；

$\quad D$——优先股每年的股利；

$\quad P_0$——发行优先股总额；

$\quad f$——优先股筹资费率。

（三）留存收益成本

留存收益是经股东同意，不作为股利分配，留在企业供生产经营继续使用的那部分税后净利润。它是股东对企业追加的投资，股东对这部分追加的投资也要求与直接购买普通股股票的股东一样，获得相同的报酬率。因此，留存收益的资金成本应视同普通股资金成本，不同之处只是它不必考虑发行费用。留存收益资金成本的计算公式为：

$$K_e = \frac{D_1}{P_0} + g$$

式中，Ke 为留存收益成本；其他同上。

（四）长期借款的资金成本

长期借款需支付的借款利息和借款手续费是计算资金成本的基础，由于借款利息可在税前列入成本，这就抵减了企业的一部分所得税。因此，企业自身实际承担的利息应为：

$$借款利息 = 借款额 \times 年利息率 \times (1-所得税税率)$$

按照资金成本计算的一般模式，则长期借款的资金成本为：

$$长期借款资金成本 = \frac{借款利息 \times (1-所得税税率)}{借款额 \times (1-筹资费用率)}$$

即：

$$K_I = \frac{I \times (1-T)}{L \times (1-F)} = \frac{i \times (1-T)}{1-f}$$

式中：K_1——长期借款资金成本；

I——银行借款年利息；

L——银行借款筹资总额；

T——所得税税率；

i——银行借款利息率；

f——银行借款筹资费率。

由于银行借款的手续费很低，上式中的 f 常常可以忽略不计，则上式可简化为：

$$K_I = i \times (1-T)$$

（五）债券成本

企业发行债券通常要事先规定利息率。按税法和会计制度规定，债券利息与借款利息一样在税前利润中支付，这样企业实际上就少缴一部分所得税。因此，债券资金成本可比照长期借款来计算。其计算公式为：

$$K_b = \frac{I \times (1-T)}{B_0 \times (1-f)} = \frac{B \times i \times (1-T)}{B_0 \times (1-f)}$$

式中：K_b——债券成本；

I——债券每年支付的利息；

B——债券面值；

i——债券票面利息率；

B_0——债券筹资额，按发行价格确定；

f——债券筹资费率。

如果考虑资金时间价值，债券资金成本是指债券发行时收到的现金净流量的现值与债券期限内发生的现金流出量的现值相等时的折现率，其计算公式为：

$$B_0(1-f) = \sum_{t=1}^{n} \frac{I_t \times (1-T)}{(1+K_b)^t} + \frac{B_0}{(1+K_n)^n}$$

 【案例 2-3】

广东海珠家具制造有限公司发行一批 5 年期限的债券，债券总面值为 1 000 万元，票面利率为 8%，每年付息 1 次，发行价格为面值的 110%，筹资费率为 4%，所得税税率为 25%。另外，该公司目前发行在外的普通股为固定增长率的股票，其相关成长率等数据如图 2-3 所示。试计算公司股票和债券的资本成本。

本案例在 Excel 系统的操作如下：

第一步，新建名为"个别资本成本计算"的工作表，输入如图 2-3 所示的相关单元格数值。

第二步，普通股资本成本的计算：根据资本资产定价模型，在单元格 D7 中输入普通股资本成本的计算公式"＝D6＋D4＊(D5－D6)"，在单元格 D10 中输入预期股价计算公式"＝B5/(D7－D3)"。

第三步，债券资本成本计算：在单元格 B19 中输入债券资本成本计算公式“=B13＊B15＊(1－B18)/(B14＊(1－B17))”，得出债券资本成本结果为 5.68%。

	A	B	C	D
1			**普通股资本成本计算**	
2	（固定成长股票）		折现率的计算：	
3	年度	股利	成长率 g	10%
4	0	2.4	β值	1.2
5	1	2.64	市场投资组合的必要回报率 R_m	16%
6	2	2.9	无风险利率 R_f	8%
7	3	3.19	投资人要求的必要回报率 $E(R)$	17.60%
8	4	3.51		公式为“=D6+D4*(D5-D6)”
9	5	3.87		
10	6	4.25	预期的股价：	34.74
11	…	…		公式为“=B5/(D7-D3)”
12			**债券资本成本计算**	
13	总面值	1 000		
14	筹资总额	1 100		
15	年利率	8%		
16	期限	5		
17	筹资费用率	4%		
18	所得税税率	25%		
19	税后资本成本	5.68%	公式为“=B13*B15*(1-B18)/(B14*(1-B17))”	
20				

个别资本成本计算

图 2-3　普通股资本成本计算

二、综合资金成本分析

企业总资金往往是由多种筹资方式形成的，不同筹资方式的资金成本有高低差异，为了进行筹资和投资决策，企业需计算加权平均资金成本（也称综合资金成本 WACC）。综合资金成本是对各种资金成本按所占资金比重加权平均的方法计算出来的，故称为加权平均资金成本。

综合资金成本的计算公式为：

$$K_w = \sum W_j \times K_j$$

式中：K_w ——加权平均的资金成本；

W_j ——第 j 种资金占资金的比重；

K_j ——第 j 种资金的成本。

权数的确定方式如下：

(1) 账面价值权数：资料容易取得，但仅能反映的是历史成本。

(2) 市场价值权数：反映的是现在的成本。

(3) 目标价值权数：反映的是未来的成本。

【案例 2-4】

广东海珠家具制造有限公司拟筹资 2 500 万元，已知长期借款的年利率为

6%，长期债券的年利率为 8%，筹资费用率为 3%，优先股的年股息率为 5%，预计下年度的每股股利为 2 元，股利预计增长率为 3%，公司现行普通股发行价格为 8 元，其他资料如图 2-4 所示。试计算公司的加权资本成本。

本案例在 Excel 系统的操作如图 2-4 所示。

	A	B	C	D	E	F
1	已知条件					
2	长期借款（万元）	400	年利息率	6%	筹资费率	
3	长期债券（万元）	300	年利息率	8%	筹资费率	3%
4	优先股（万元）	400	年股息率	5%	筹资费率	4%
5	普通股（万元）	800	第1年股利	2	筹资费率	5%
6	留存收益（万元）	600	股利年增长率	3%		
7	现有资本合计（万元）	2 500	普通股发行价格（元/股）	8	所得税税率	25%
8	资本成本的计算					
9	资本类型	权重	个别资本成本			
10	长期借款	0.16	4.50%	公式为"=D2*(1-F7)"		
11	长期债券	0.12	6.19%	公式为"=D3*(1-F7)/(1-F3)"		
12	优先股	0.16	5.21%	公式为"=D4/(1-F4)"		
13	普通股	0.32	29.32%	公式为"=D5/(D7*(1-F5))+D6"		
14	留存收益	0.24	28.00%	公式为"=D5/D7+D6"		
15	综合资本成本		18.40%	公式为"=SUMPRODUCT(B10:B14,C10:C14)"		
16						

图 2-4　综合资本成本计算

操作步骤如下：

第一步，选取单元格区域 B10：B14，以数组公式方式输入计算公式"＝B2：B6/B7"，得到个别资本成本的权重。

第二步，计算各类个别资本成本：在单元格 C10 中输入公式"＝D2＊(1－F7)"；在单元格 C11 中输入"＝D3＊(1－F7)/(1－F3)"；在单元格 C12 中输入"＝D4/(1－F4)"；在单元格 C13 中输入"＝D5/(D7＊(1－F5))＋D6"；在单元格 C14 中输入公式"＝D5/D7＋D6"。

第三步，在单元格 C15 中输入公式"＝SUMPRODUCT(B10：B14，C10：C14)"，得到综合资本成本为 18.40%。

（三）边际资本成本分析

企业无法以某一固定的资金成本来筹集无限的资金，当其筹措的资金超过一定限度时，原来的资金成本就会增加。在企业追加筹资时，需要知道筹资额在什么数额上会引起资金成本怎样的变化，这就要用到边际资本成本的概念。

边际资本成本是指资金每增加一个单位而增加的成本。边际资本成本是追加筹资时所使用的加权平均成本。如果企业的追加筹资是在既定资本结构下的混合资本，则边际资本成本应采用加权平均法计算，其权数应为市场价值权数，不应使用账面价值权数。

为了做好追加投资和筹资决策，企业应预先作出边际资本成本规划，即确定不同的筹资总额范围对应的边际资本成本水平。制定边际资本成本可按以下步骤进行：

（1）确定追加筹资的目标资本结构。

（2）测算个别资本在不同筹资额度内的资本成本。

（3）计算筹资总额的成本分界点，在一定的筹资数额内，资本成本率不变，超过某一筹资限度，就会引起原资本成本的变化，于是就把在保持某资本成本的条件下可以筹集到的资金总额限定为现有资本结构下的筹资突破点。在筹资突破点范围内筹资，原有资本成本不会改变；一旦筹资额超过筹资突破点，即使维持原有的资本结构，其资本成本也会增加。筹资突破点计算公式为：

$$B_i = \frac{F}{W_i}$$

式中：B_i ——第 i 种资本所引起的筹资总额的成本分界点；

F ——第 i 种资本的成本分界点；

W_i ——第 i 种资本在目标资本结构中所占比重。

下面将举例说明边际资本成本的测算过程。

【案例 2-5】

广东海珠家具制造有限公司的目标资本结构及个别资本成本的有关资料如图 2-5 所示。筹资按目标资本结构以万元为单位进行。试编制该公司的边际资本成本规划。

本案例在 Excel 系统的操作如图 2-5 所示。

	A	B	C	D	E	F
1				已知条件		
2	资本种类	目标资本结构	新增筹资额范围（万元）		个别资金成本	筹资总额分界点的计算（万元）
3			下限	上限		
4	长期负债	30%	0	50	6%	167
5			51	100	7%	333
6			101	以上	8%	
7	优先股	20%	0	75	10%	375
8			76	以上	12%	
9	普通股	50%	0	150	14%	300
10			151	350	15%	700
11			351	以上	16%	
12				边际资本成本的计算		
14	筹资总额范围（万元）		资本种类	目标资本结构	个别资本成本	边际资本成本
15	下限	上限				
16			长期负债	30%	6%	
17	0	167	优先股	20%	10%	10.80%
18			普通股	50%	14%	
19			长期负债	30%	7%	
20	168	300	优先股	20%	10%	11.10%
21			普通股	50%	14%	
22			长期负债	30%	7%	
23	301	333	优先股	20%	10%	11.60%
24			普通股	50%	15%	
25			长期负债	30%	8%	
26	334	375	优先股	20%	10%	11.90%
27			普通股	50%	15%	
28			长期负债	30%	8%	
29	376	700	优先股	20%	12%	12.30%
30			普通股	50%	15%	
31			长期负债	30%	8%	
32	701	以上	优先股	20%	12%	12.80%
33			普通股	50%	16%	

边际资本成本计算

图 2-5 边际资本成本计算

操作步骤如下：

第一步，计算筹资突破点并确定相应的筹资范围：在单元格 F4 中输入公式"＝D4/＄B＄4"，并将其复制到单元格 F5；在单元格 F7 中输入公式"＝D7/B7"；在单元格 F9 中输入公式"＝D9/＄B＄9"，并将其复制到单元格 F10，得到筹资总额的突破点。

第二步，根据筹资总额的突破点设计边际资本成本计算表。

第三步，在单元格 E16 中输入公式"＝IF(B16＞＄F＄5，＄E＄6，IF(B16＞＄F＄4，＄E＄5，＄E＄4))"，复制到单元格 E19、E22、E25、E28 和 E31，判断债券的个别资本成本。

第四步，在单元格 N7 中输入公式"＝IF(B16＞＄F＄7，＄E＄8，＄E＄7)"，并将其复制到单元格 E20、E23、E26、E29 和 E32，判断优先股的个别资本成本。

第五步，在单元格 E18 中输入公式"IF(B16＞＄F＄10，＄E＄11，IF(B16＞＄F＄9，＄E＄10，＄E＄9))"，并将其复制到单元格 E21、E24、E27、E30 和 E33，判断普通股的个别资本成本。

第六步，在合并单元格 F16 中输入公式"＝SUMPRODUCT(D16：D18，E16：E18)"，并将其复制到合并单元格 F19、F22、F25、F28 和 F31，得到筹资总额各区间对应的边际资本成本。

任务 3   杠杆作用分析

财务管理中的杠杆原理是指由于固定费用（包括生产经营方面的固定费用和财务方面的固定费用）的存在，当业务量发生较小的变化时，利润会产生较大的变化。

【工作目标】 理解经营杠杆、财务杠杆和复合杠杆，掌握应用 Excel 进行财务杠杆的分析和管理。

【工作基础】

一、经营杠杆 *DOL*

在单价和成本水平不变的条件下，产销量的增长会引起息税前利润以更大的幅度增长，这种就是经营杠杆，由此产生的效应就是经营杠杆效应。在其他条件不变的情况下，产销量的增加一般不会改变固定生产经营成本总额，但会降低单位固定成本，从而提高单位利润，使息税前利润的增长率大于产销量的增长率；反之，产销量的减少会提高单位固定成本，降低单位利润，使息税前利润的下降率也大于产销量的下降率。

对经营杠杆进行计量的最常用指标是经营杠杆系数或经营杠杆率。所谓经营杠杆系数，是指息税前利润变动率相当于产销量变动率的倍数。其计算

公式为:

$$DOL = \frac{\frac{\Delta EBIT}{EBIT}}{\frac{\Delta Q}{Q}}$$

式中:$\Delta EBIT$ ——息税前的变动额;

ΔQ ——销售变动额。

如果假设 S 表示销售额,VC 表示变动成本总额,F 表示固定成本,则经营杠杆的另一个计算公式为:

$$DOL = \frac{S-VC}{S-VC-F}$$

经营杠杆系数在财务管理中应用的相关结论如下:

(1) 在固定成本不变的情况下,经营杠杆系数说明了销售额增长(减少)所引起利润增长(减少)的幅度。

(2) 在固定成本不变的情况下,销售额越大,经营杠杆系数越小,经营风险也就越小;反之,销售额越小,经营杠杆系数越大,经营风险也就越大。

 【案例 2-6】

广东海珠家具制造有限公司目前只生产和销售一种产品,单价为 5 000元,单位变动成本 3 000 元。该公司目前没有负债,每月销售额为 70 万元,税后净利为 6 万元,公司的所得税税率为 25%。请计算:

(1) 该公司每月的固定经营成本是多少元?

(2) 每月的保本点销售量和销售额是多少元?

(3) 在每月的销售量分别为 30、60、90、120、150、180、210、240 件时,经营杠杆系数各为多少?

本案例在 Excel 系统的操作如图 2-6 所示。

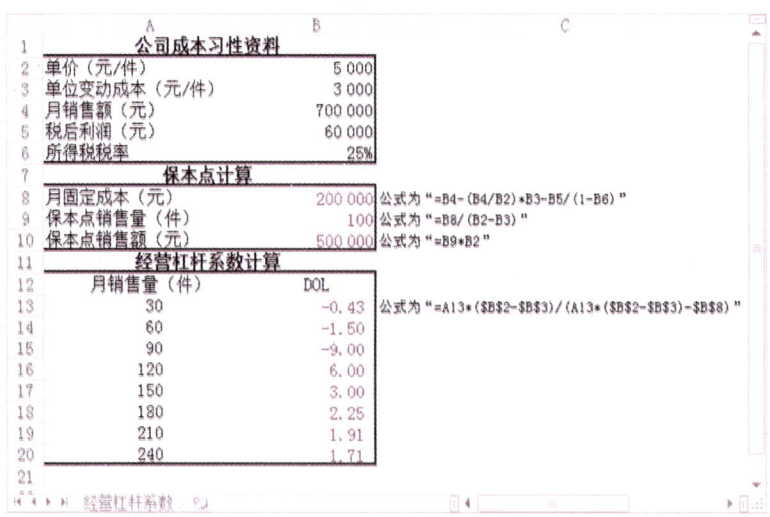

图 2-6　经营杠杆系数

操作步骤如下：

第一步，新建"经营杠杆系数"的工作表，在相应的单元格中输入如图 2-6 所示的单位变动成本等数据。

第二步，固定成本的计算：在单元格 B8 中输入"＝B4－（B4/B2）＊B3－B5/（1－B6）"。

第三步，销售量和销售额：在单元格 B9 中输入"＝B8/（B2－B3）"，在单元格 B10 中输入"＝B9＊B2"。

第四步，在单元格 B13 中输入"＝A13＊（＄B＄2－＄B＄3）/（A13＊（＄B＄2－＄B＄3）－＄B＄8）"，向下拖动复制句柄，复制到单元格 B14：B20 中，即可得到不同销售量下的经营杠杆系数。

思　考

案例 6 中，随销售量的变化，经营杠杆系数有什么变化规律？保本点时的经营杠杆系数为多少？

二、财务杠杆 *DFL*

财务杠杆是指资本结构不变的情况下，由于固定财务费用的存在，息税前利润的增长会引起普通股每股利润以更大的幅度增长。财务杠杆效应产生的原因是不管息税前利润是多少，但是债务的利息和优先股的股利通常都是固定不变的，当息税前利润增大时，每 1 元息税前利润所负担的固定债务利息就会相应降低，导致普通股每股利润比息税前利润增加得更快。

财务杠杆作用的大小可用财务杠杆系数来表示。财务杠杆系数是指普通股每股利润的变动率相当于息税前利润变动率的倍数。其计算公式为：

$$DFL = \frac{\frac{\Delta EPS}{EPS}}{\frac{\Delta EBIT}{EBIT}}$$

式中：*DFL* ——财务杠杆系数；

$\quad\quad$ *EPS* ——普通股每股股利；

$\quad\quad$ ΔEPS ——普通股每股利润增量。

在实际工作中，为了计算方便可将上式转化为：

$$DEL = \frac{EBIT}{EBIT - I - \dfrac{d}{1-T}}$$

式中：*d* ——优先股股利。

$$\because EPS = \frac{(EBIT - I)(1-T) - d}{N}$$

$$\Delta EPS = \frac{\Delta EBIT(1-T)}{N}$$

$$\therefore DFL = \frac{\frac{\Delta EPS}{EPS}}{\frac{\Delta EBIT}{EBIT}} = \frac{\frac{\Delta EBIT(1-T)}{N}}{\frac{(EBIT-1)(1-T)-d}{N}} \times \frac{EBIT}{\Delta EBIT} = \frac{EBIT}{EBIT-I-\frac{d}{(1-T)}}$$

式中：N 为流通在外的普通股股数。

就未发行优先股的企业而言，其财务杠杆系数的计算公式为：

$$DFL = \frac{EBIT}{EBIT-I}$$

 【案例 2-7】

在广东海珠家具制造有限公司拟定的 3 种资本结构方案中（见图 2-7），预计投资收益率均为 10%，所得税税率为 25%。试分析各种资本结构的财务杠杆作用。

本案例在 Excel 系统的操作如图 2-7 所示。

	A	B	C	D	E
1	项目	A方案	B方案	C方案	
2	8%公司债券	-	400 000	-	
3	12%公司债券	-	-	500 000	
4	普通股股本	1 000 000	600 000	500 000	
5	资金总额	1 000 000	1 000 000	1 000 000	
6	息税前利润	100 000	100 000	100 000	
7	利息		32 000	60 000	
8	税前利润	100 000	68 000	40 000	
9	所得税税率(25%)	25 000	17 000	10 000	
10	税后利润	75 000	51 000	30 000	
11	普通股股数	100 000	60 000	50 000	
12	每股利润	0.75	0.85	0.6	
13	财务杠杆系数	1.000	1.471	2.500	
14	公式为"=B6/(B6-B7)"				
15					
16					

财务杠杆系数

图 2-7　不同方案的财务杠杆

操作步骤如下：

第一步，新建"不同方案的财务杠杆"的工作表，如图 2-7 所示。在 A 列中输入已知条件：在单元格 B8 中输入"=B6-B7"；在单元格 B9 中输入"=B8 * 0.25"；在单元格 B10 中输入"=B8-B9"，分别计算税前利润、所得税和税后利润。向左、向右拖动复制句柄，得出 A 方案、B 方案和 C 方案的相应数值。

第二步，在单元格 B12 中输入"=B10/B11"，计算每股利润；在单元格 B13 中输入"=B6/(B6-B7)"，计算财务杠杆系数。向左、向右拖动复制句柄，得出 A 方案、B 方案和 C 方案的相应数值。

第三步，比较 3 种方案的每股利润，可见 A、B、C 3 种方案的投资总额、

息税前利润和投资收益率均相等,所不同的只是资本结构,并由此产生了财务杠杆作用对普通股每股利润的不同影响:

A方案,资金全部为普通股股本,没有财务杠杆作用。当息税前利润变动1‰时,普通股每股利润也变动1%,两者同比例升降。

B方案,资金构成中负债占40%,由于负债利率小于公司投资收益率,使普通股每股利润上升为0.759元。财务杠杆系数为1.47,即普通股每股利润的变动是息税前利润变动的1.47倍,所以公司将因举债经营而使财务风险加大。

C方案,资本结构中负债比重上升至50%,且负债利率大于公司投资收益率,使普通股每股利润降为0.536元,但财务杠杆作用程度却上升到2.5,即普通股每股利润的变动是息税前利润变动的2.5倍,因而其财务风险比B方案更大。

当然财务风险也可按前述方法通过计算自有资金期望收益率的标准差来衡量。

【小资料】

在具体应用财务杠杆时,要注意财务杠杆和财务风险的关系。财务风险是指为取得财务杠杆利益而利用负债资金时,增加了破产机会或普通股利润大幅度变动的机会所带来的风险。企业为取得财务杠杆利益,就要增加负债,一旦企业息税前利润下降,不足以补偿固定利息支出,企业的每股利润就会下降得更快。当企业投资收益率小于负债利率则不能取得财务杠杆利益,只有当企业投资收益率高于负债利率时,才能取得杠杆利益。这就是说,企业利用财务杠杆,可能产生好的效果,也可能会产生坏的效果。

三、联合杠杆效应 *DTL*

如上所述,由于存在固定的生产经营成本,使息税前利润的变动率大于产销业务量的变动率,产生经营杠杆效应;同样,由于固定财务费用的存在使企业普通股每股利润变动率大于息税前利润变动率,产生财务杠杆效应。如果两种杠杆共同起作用,那么就会产生联合杠杆效应,使普通股每股利润的变动率大于产销业务量的变动率。两者联合作用下销售量变动对企业普通股每股利润发生的影响,必须用复合杠杆系数来测量。复合杠杆系数也称综合杠杆系数,是指普通股每股利润的变动率相当于产销业务量变动率的倍数。其计算公式为:

$$DTL = \frac{\frac{\Delta EPS}{EPS}}{\frac{\Delta S}{S}}$$

式中:*DTL* —— 复合杠杆系数;

EPS——每股收益；

S——销售量。

为简化计算，可根据上述公式推导出计算复合杠杆系数的简单计算公式：

$$DTL = \frac{\frac{\Delta EPS}{EPS}}{\frac{\Delta S}{S}}$$

$$= DOL \times DFL$$

$$= \frac{M}{EBIT} \times \frac{EBIT}{EBIT - I - \frac{d}{(1-t)}}$$

$$= \frac{M}{EBIT - I - \frac{d}{1-T}}$$

$$= \frac{(p-b)x}{(p-b)x - a - I - \frac{d}{1-T}}$$

$$= \frac{S - VC}{S - VC - a - I - \frac{d}{1-T}}$$

若企业未发行优先股，其复合杠杆系数的计算公式可简化为：

$$DTL = \frac{(p-b)x}{(p-b)x - a - I}$$

式中：M——边际贡献总额；

p——单价；

b——单位变动成本；

S——销售收入总额；

V——变动成本总额；

x——产销数量；

a——固定成本。

【案例 2-8】

广东海珠家具制造有限公司计划下年度生产一种家具零配件，该产品售价为 18 元/件，预计销售量为 200 000 件。该公司现有两个生产方案：方案 A，单位变动成本为 10 元，固定成本为 90 万元；方案 B，单位变动成本为 12 元，固定成本为 55 万元。公司还计划将总资产扩大为 30 万元。目前，公司的资产负债率为 40%，债务利率为 8%。固定成本中不包括利息。试对这两个方案的收益与风险进行分析。

本案例在 Excel 系统的操作如图 2-8 所示。

操作步骤如下：

第一步，新建"复合杠杆系数"的工作表，设计分析表格如图 2-8 所示。在单元格 B12 中输入公式"=B7 * (B4－B5)－B6"；在单元格 B13 中输入公式

"=B7＊(B4－B5)/B12"；在单元格 B14 中输入公式"＝B12/(B12－B8＊B9＊
B10)"；在单元格 B15 中输入公式"＝B14＊B13"；在单元格 B16 中输入公式
"＝B6/(B4－B5)"。得到方案 A 的有关计算结果,然后将单元格 B12：B16 复
制到单元格 C12：C16 中,得到方案 B 的有关计算结果。

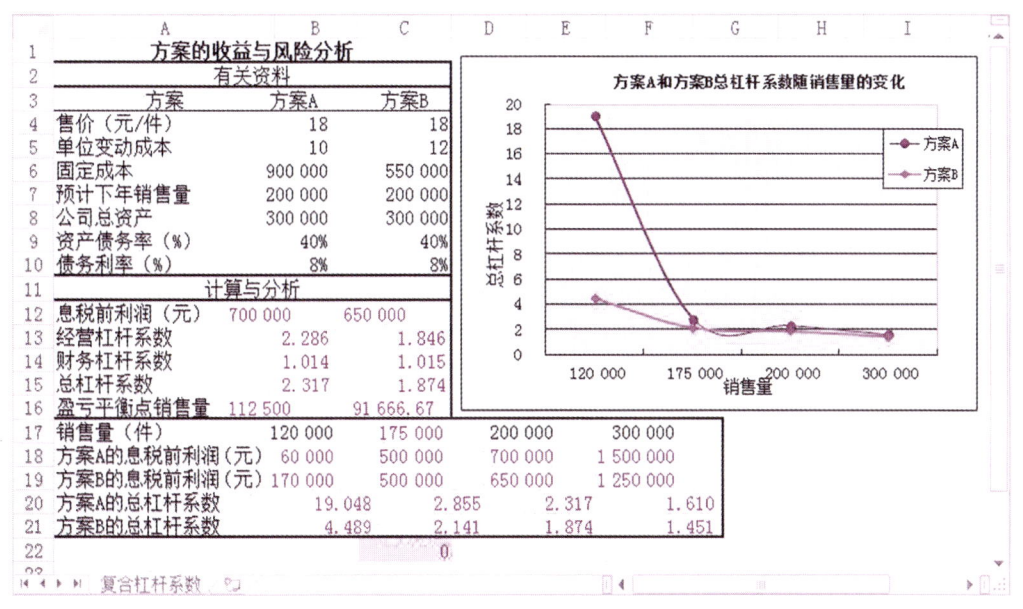

图 2-8　复合杠杆系数分析

第二步,在单元格 B17 中输入"120 000"；在单元格 D17 中输入"200 000"；
在单元格 E17 中输入"300 000",单元格 C7 可先不输入任何数据。选取单元
格区域 B18：E18,输入公式"＝Bl7：E17＊(B4－B5)－B6"(数组公式输入),
计算不同销售量下方案 A 的息税前利润；选取单元格区域 B19：E19,输入公
式"＝B17：E17＊(C4－C5)－C6"(数组公式输入),计算不同销售量下方案 B
的息税前利润；选取单元格区域 B20：E20,输入公式"＝B17：E17＊(B4－
B5)/(B18：E18－B8＊B9＊B10)"(数组公式输入),计算不同销售量下方案 A
的总杠杆系数；选取单元格区域 B21：E21,输入公式"＝B17：E17＊(C4－
C5)/(B19：E19－C8＊C9＊C10)"(数组公式输入),计算不同销售量下方案 B
的总杠杆系数。

第三步,在单元格 C22 中输入公式"＝C18－C19",然后在"数据"菜单
中"模拟分析"选项下运行"单变量求解",在"单变量求解"对话框中,"目
标单元格"中输入"＄C＄22",在"目标值"中输入"0",在"可变单元格"中
输入"＄C＄17",单击"确定"按钮,求出两个方案的息税前利润相等时的
销售量。

第四步,绘制两个方案的总杠杆系数随销售量的变化并进行比较,具体方
法参阅前面有关章节,计算结果及有关图形如图 2-8 所示。

任务 4　筹资决策方法

企业各种资金的构成及其比例关系是企业筹资决策的核心问题。企业应综合考虑有关影响因素,运用适当方法确定最佳资本结构,并在以后追加筹资中继续保持。

为此,企业必须权衡财务风险和资金成本的关系,确定最优的资金结构。所谓最优资金结构是指在一定条件下使企业加权平均资金成本最低,企业价值最大的资金结构。

【工作目标】　在实际操作中,熟练结合 Excel 应用比较资本成本法、每股收益分析法等选择最优资本结构。

【工作基础】

一、比较资本成本法

比较资金成本法是通过计算比较各方案加权平均资金成本,并根据加权平均资金成本的高低来确定最优资金结构的方法。最优资金结构亦即加权平均资金成本最低的资金结构。

【案例 2-9】

广东海珠家具制造有限公司拟增资 100 万元,现有 3 种不同方案可供选择,有关资料列示于图 2-9 中。试用比较资本成本法确定最优方案。

资金来源	方案A		方案B		方案C	
	资金额	资金成本（%）	资金额	资金成本（%）	资金额	资金成本（%）
长期借款	0	0	200 000	6	200 000	6
长期债券	300 000	8	200 000	7	0	0
优先股	300 000	12	200 000	11	300 000	12
普通股	400 000	14	400 000	14	500 000	15
合计	1 000 000		1 000 000		1 000 000	
WACC	11.60%		10.40%		12.30%	

公式为"=SUMPRODUCT(B3:B6/$B$7,C3:C6/100)"

最佳方案　方案B　公式为"=IF(B8=MIN(B8,D8,F8),B1,IF(D8=MIN(B8,D8,F8),D1,F1))"

最佳方案　方案B　公式为"=INDEX(B1:G1,MATCH(MIN(B8,D8,F8),B8:G8,0))"

比较资本成本法

图 2-9　比较资本成本分析

本案例在 Excel 系统的操作如图 2-9 所示。

操作步骤如下:

第一步,新建"比较资本成本法"的工作表,如图 2-9 所示,计算各方案的综合资本成本 WACC:在单元格 B8 中输入"＝SUMPRODUCT(B3：B6/$B$7,C3：C6)/100",得出 A 方案的加权平均资本成本,将其复制到 D8 和 F8 中得出 B、C 方案的加权平均资本成本。

第二步,根据比较资本成本法,在 B11 单元格中输入"=IF(B8＝MIN(B8,D8,F8),B1,IF(D8＝MIN(B8,D8,F8),D1,F1))",得出最佳方案为 B 方案。

第三步,在 B12 单元格中输入"=INDEX(B1:G1,MATCH(MIN(B8,D8,F8),B8:G78,0))",也可以得出最佳方案为 B 方案。

二、每股收益分析法

每股收益分析法是指将企业盈利能力和负债对股东财富的影响结合起来,分析资金结构与每股收益之间的关系,进而确定合理的资金结构的方法。它也称息税前利润—每股收益分析法,简写为 EBIT-EPS 分析法。这种方法因为要确定每股收益的无差异点,所以它亦称每股收益无差异点法。

究竟息税前利润为多少时发行普通股有利,息税前利润为多少时发行公司债有利呢? 这就要测算每股利润无差异点处的息税前利润。

其计算公式为:

$$\frac{(EBIT - I_1)(1 - T) - d_1}{N_1} = \frac{(EBIT - I_2)(1 - T) - d_2}{N_2}$$

式中:$EBIT$ ——每股利润无差异点处的息税前利润;

I_1,I_2 ——两种筹资方式下的年利息;

d_1,d_2 ——两种筹资方式下的优先股股利;

N_1,N_2 ——两种筹资方式下流通在外的普通股股数。

现举例说明如下。

【案例 2-10】

广东海珠家具制造有限公司目前的资金总额为 1 000 万元,其中负债资金200 万元,年利息率为 10%,权益资金 800 万元。现因生产发展需要准备再筹资 400 万元,这些资金可利用发行股票来筹集,也可通过发行债券来筹集。表 2-2 列示了该公司原资金结构和筹资后资金结构情况。

表 2-2

广东海珠家具制造有限公司资金结构变化情况表 金额单位:万元

筹资方式	原资金结构	增加筹资后资金结构	
		增发普通股(A)	增发公司债(B)
公司债券(利率10%)	200	200	600
普通股(面值8元)	640	960*	640
资本公积	100	180*	100
留存收益	60	60	60
资金总额	1 000	1 400	1 400
普通股股数(万股)	80	120	80

注:发行新股时,每股发行价为 10 元,筹资 400 万元需发行 40 万股,普通股股本增加 320 万元,资本公积增加 80 万元。

假设该公司息税前资金利润率为 15％，其息税前利润为 210 万元（1 400×15％），根据资金结构的变化情况，可采用 *EBIT-EPS* 分析法分析资金结构对普通股每股利润的影响。具体分析如图 2-10 所示。

	A	B	C	D
1	**广东海珠家具制造有限公司不同资本结构下的每股利润**			
2			单位：万元	
3	**项目**	**增发股票**	**增发债券**	
4	预计息税前利润（*EBIT*）	210	210	
5	减：利息	20	60	
6	税前利润	190	150	
7	减所得税（25%）	47.5	37.5	
8	净利润	142.5	112.5	
9	普通股股数（万股）	120	80	
10	每万股利润（*EPS*）	1.1875	1.40625	
11	不同方案下每股利润差异目标函数	0		
12	无差别点的息税前利润	140		
13				
14	公式为"=(B12-B5)*(1-25%)/B9-(B12-C5)*(1-25%)/C9"			
15				

每股收益分析法

图 2-10 每股收益无差别分析

本案例在 Excel 系统的操作如下：

第一步，新建"每股收益分析法"的工作表，如图 2-10 所示，在有关单元格中输入和计算 *EBIT*、利息、税前利润、所得税和净利润，计算方法如前面案例所示（这里略）。在单元格 B10 中输入"=B8/B9"，复制到单元格 C10 中得出增发股票和增发债券两种方案下的每股收益，可以得出增发债券的每股收益比较大。

第二步，计算每股收益无差别点的 *EBIT*：在单元格 B11 中输入公式"=(B12−B5)*(1−25％)/B9−(B12−C5)*(1−25％)/C9"，计算两个方案的每股收益之差，并将其作为目标函数。

第三步，在"数据"菜单中"模拟分析"选项下运行"单变量求解"，出现的"单变量求解"对话框，在目标单元格中输入 B11，在"目标值"中输入"0"，在"可变单元格"中输入 B12，即可求出每股收益无差别点为 140。

项目任务综合训练

【**训练 2-1**】 某企业发行面值为 100 元，票面利率为 10％，偿还期限为 8 年的长期债券，该债券的筹资费率为 2％，按面值发行，所得税税率为 25％。

要求：计算长期债券的资金成本。

操作提示：利用债券资本成本公式计算。

【**训练 2-2**】 某企业发行普通股股票，每股的发行价为 8 元，筹资费用率为 3%，第 1 年年末每股股利为 0.6 元，股利的预计增长率为 5%。

要求：计算该普通股的资金成本。

【训练 2-3】 某公司在初创时期拟筹资 500 万元，现有甲、乙两个备选方案，有关资料和测算如表 2-3 所示。

表 2-3

甲、乙备选方案有关资料   单位：万元

筹资方式	甲备选方案		乙备选方案	
	筹资额	资金成本	筹资额	资金成本
长期借款	50	5%	100	6%
公司债券	150	9%	100	7%
优先股	50	12%	80	13%
普通股	250	15%	220	14%
合　计	500	—	500	—

要求：确定该公司最佳资本结构。

操作提示：利用 SUMPRODUCT 函数计算综合资金成本。

【训练 2-4】 某公司拥有长期借款 100 万元，发行债券 100 万元，普通股 300 万元。公司拟筹集新的资金 200 万元，为维持目前的资金结构，随筹资额增加，各种资金成本的变化如表 2-4 所示。

表 2-4

各种资金成本随筹资额增加变化情况表

筹资方式	新筹资额	资金成本
长期借款	50 万元及以下	4%
	50 万元以上	6%
发行债券	80 万元以下	7%
	80 万元以上	9%
普通股	50 万元以下	10%
	50 万~100 万元	12%
	100 万元以上	14%

要求：计算各筹资突破点及筹资范围的边际资金成本。

项目 **3**

Excel 在项目投资中的应用

【项目描述】

　　项目投资决策是对项目的生产、财务、营销、人力资源等方面进行综合分析后所作出的是否进行一个或多个项目投资的决策。在进行项目投资分析时,先要用现金流出量、现金流入量和现金净流量来反映项目投资的现金流量,然后根据项目的现金净流量进行计算和分析,作出项目的财务决策。

【能力目标】

◆ 熟练掌握项目投资和证券投资的分析方法和操作步骤。
◆ 能够熟练应用相关的知识和技能在实际工作中进行项目投资决策。

【典型任务】

　　根据投资决策的基本方法在 Excel 系统进行操作技能的训练,熟练掌握固定资产投资决策基本方法及项目投资评价方法的 Excel 管理在实践中的应用。

任务 1 投资决策指标的应用

投资决策就是对各种投资方案进行分析、对比、评价,最终确定一个最佳投资方案的过程。进行投资决策所使用的经济评价指标,按照其是否考虑货币时间价值可分为静态指标和动态指标两大类。

【工作目标】 熟练运用 Excel 进行静态指标的方法(非贴现法)和动态指标的方法(贴现法)的操作和决策。

【工作基础】

一、非贴现指标及其应用

非贴现指标是指不考虑资金时间价值的各种指标。非贴现指标主要包括投资回收期和会计收益率。

(一) 投资回收期

投资回收期是指回收初始投资所需要的时间。它一般以年为单位,回收期越短,说明方案越好。

投资回收期的确定分为以下两种情况:

(1) 每年现金净流量相等时,其计算公式为:

$$投资回收期 = \frac{原始投资额}{每年现金净流量}$$

(2) 每年现金净流量不等时,其计算公式为:

$$回收期 = (收回全部投资的整年数 - 1) + \frac{年初末收回的成本}{相应年度的现金流量}$$

【案例 3-1】

广东海珠家具制造有限公司现有一个 1 000 万元的投资方案,期限为 4 年,每年年末的现金流量如图 3-1 所示。计算该方案的投资回收期。

	A	B	C	D	E	F	G
1	*Project*						
2		时期:	0	1	2	3	4
3		税后净现金流	-1 000	500	400	300	100
4		累计税后净现金流	-1 000	-500	-100	200	300

图 3-1 投资方案数据

本案例在 Excel 系统的操作如下:

第一步,计算各年的累计税后现金净流量;在单元格 C4 输入"=C3",得到期初累计的税后现金净流量 1 000;在单元格 D4 输入"=C4+D3",得到第 1 年年末累计的税后现金净流量 -500;分别复制 D4 到 E4、F4、G4,即可得到第 2 年至第 4 年的累计税后现金净流量。

第二步，采用逻辑判断 AND 函数判断何时累计的税后现金净流量值为正，即收回原始投资额；判断的条件是该单元格累计的税后现金净流量＞0，而位于其左侧的单元格＜0，满足条件的用"TRUE"表示，否则为"FALSE"；判断方法如图 3-2 所示，单击单元格 C5，输入 *fx* =AND(C4>0,B4<0)，得到"FALSE"，表明不能满足条件，分别复制 C5 到 D5～G5，即可得到第 3 年为满足条件的时间。

	A	B	C	D	E	F	G
1	*Project*						
2		时期:	0	1	2	3	4
3		税后净现金流:	-1 000	500	400	300	100
4		累计税后净现金流:	-1 000	-500	-100	200	300
5			FALSE	FALSE	FALSE	TRUE	FALSE
6			0.00	0.00	0.00	2.33	0.00
7		Payback:	2.33				

图 3-2 投资回收期计算任务

第三步，采用 IF 函数求解投资回收期；按照投资回收期的计算公式，对于第二步返回"TRUE"的单元格，将该结果所对应的年数－1，加上年初没有收回的剩余投资额除以相应年度的税后现金净流量即可；在单元格 D6 输入 *fx* =IF(D5=TRUE,D2-1+(-C4/D3),0)，返回值为 0，表明不满足条件，分别复制 D6 到 E6～G6。由于 F6 返回值为"TRUE"，得到该项目的投资回收期为 2.33 年。

（二）会计收益率

会计收益率是指投资项目寿命周期内的年平均收益与原始投资额的比。此比率越高，说明方案越好。其计算公式为：

$$会计收益率 = 年平均利润 \div 原始投资额$$

二、贴现指标及其应用

贴现指标是指考虑资金时间价值的各种指标。贴现指标主要包括净现值、现值指数和内含报酬率。

1. 净现值

净现值（NPV）是指特定方案未来现金流入的现值与未来现金流出的现值之间的差额。其计算公式为：

$$净现值 = 现金流入的现值 - 投资总额现值$$

【案例 3-2】

广东海珠家具制造有限公司为更新旧机器设备欲购进一台 1 000 万元的新设备，有效期为 4 年，经营期各年的税后净现金流量如图 3-3 所示，假定资金成本率为 10％。试分析该方案的可行性。

	A	B	C	D	E	F	G
1	资本成本 =	10%					
2							
3		期间:	0	1	2	3	4
4		税后净现金流:	-1 000	500	400	300	100
5		NPV =	$78.82				

图 3-3   净现值计算实例

本案例在 Excel 系统的操作如下：

直接利用净现值 NPV 函数，计算出经营期的税后现金净流量的现值，再减去初始投资额，即可得到该项目的净现值；单击单元格 C5，输入公式 =NPV($B$1,D4:G4)+C4，得到该项目的净现值为 78.82，根据计算结果，此方案的现金流量为正，方案可以接受。

2. 现值指数

现值指数（PI）又称获利指数，是指投资方案未来报酬的总现值与投资现值之比。它用来说明每 1 元投资额未来可以获得的报酬的现值有多少。现值指数与净现值法的不同之处在于，现值指数是相对指标，它可以使不同方案具有可比性。其计算公式为：

现值指数＝现金净流量的现值÷投资总额现值

进行投资决策时，如果现值指数大于 1，可考虑接受该方案；如果现值指数小于或等于 1，拒绝此方案；如果要从几个可接受的方案中择一，应选择现值指数最大的方案。

【案例 3-3】

根据图 3-4 的资料，运用现值指数法分析甲、乙两方案。

	A	B	C	D	E	F	G
1		甲方案	乙方案				
2	初始投资额	200	250			利率	10%
3	年份	1	2	3	4	5	6
4	甲现金流量	-200	45	60	70	55	50
5	乙现金流量	-250	69	70	84	73	61
6	未来净现值	¥211.70	¥271.43				
7	现值指数	1.06	1.09				

图 3-4   方案资料

本案例在 Excel 系统的操作如下：

第一步，计算甲、乙方案的未来净现值；单击单元格 B6，输入公式 =NPV(G2,C4:G4)，然后按回车键；单击单元格 C6，输入公式 =NPV(G2,C5:G5)，然后按回车键，这样就得到了甲、乙两方案的净现值。

第二步，计算甲、乙方案的现值指数；单击单元格 B10，输入公式"＝B7/B2"，然后按回车键；单击单元格 C10，输入公式"＝C7/C2"，然后按回车键，由

图 3-4 所示结果可知,乙方案的现值指数大于甲方案的现值指数。故决策应选乙方案。

3. 内含报酬率（IRR）

内含报酬率又称内部报酬率,它是在长期投资方案寿命周期内按现值计算的实际报酬率。换句话说,它是指能够使投资方案净现值等于零的贴现率。如果内含报酬率高于企业的资金成本,就可以接受该方案;否则,应该拒绝。若同时有几个可以接受的方案,以内部报酬率最高的为优。

通常,确定投资方案的内含报酬率可用测试法、年金法和图解法。这里只介绍测试法。

测试法的具体方法如下:

第一步,先估计一个折现率,再用此折现率来计算投资方案的净现值,然后与原投资额的现值比较,看其净现值是正数、负数还是零。如果净现值为正,说明估计的折现率小于该方案的实际投资报酬率,因此必须提高折现率,再重新计算净现值;如果净现值为负,则说明这一折现率大于实际投资的报酬率,应降低折现率并重新计算净现值。重复以上步骤,一直到找到一个可使净现值为零的折现率为止。如果找不到一个恰好使净现值为零的折现率,则应找出两个相邻的折现率使净现值近于零,且一个高于零,一个低于零。

第二步,出现上述相邻的折现率时,用内插法求出该方案的内部报酬率。其计算公式为:

$$IRR = RL + NPV1 \div (NPV1 - NPV2) \times (RH - RL)$$

式中：RH ——两个相邻折现率中使方案净现值为负数的较高折现率;

RL ——两个相邻折现率中使方案净现值为正数的较低折现率;

NPV1 ——较低折现率计算出的方案净现值;

NPV2 ——较高折现率计算出的方案净现值。

【案例 3-4】

有甲、乙两个投资方案,它们的现金流量如图 3-5 所示。请在两个方案中作出决策。

	A	B	C	D	E	F	G
1							
2		投资方案比较					
3	年份	1	2	3	4	5	6
4	甲现金流量	-200	45	60	70	55	50
5	乙现金流量	-250	69	70	84	73	61
6							
7		分析评价					
8	年利率	甲NCF	乙NCF				
9	11%						
10	12%						
11	13%						
12	14%						

图 3-5　方案资料

本案例在 Excel 系统的操作如下：

第一步，计算甲方案试算净现值。单击单元格 B9，输入公式"= NPV（A9，$B$4：$G$4）"，得到相应的数值 5.7。单击单元格 B9，利用鼠标进行公式复制，直到数值出现负数为止，即按住鼠标左键，将鼠标光标从 B9 拖至 B11，如图 3-6 所示。

	A	B	C	D	E	F	G
1							
2		投资方案比较					
3	年份	1	2	3	4	5	6
4	甲现金流量	-200	45	60	70	55	50
5	乙现金流量	-250	69	70	84	73	61
6							
7		分析评价					
8	年利率	甲NCF	乙NCF				
9	11%	￥5.70	￥13.23				
10	12%	￥1.04	￥7.33				
11	13%	￥-3.37	￥1.75				
12	14%		￥-3.52				

图 3-6　方案净现值计算

第二步，计算乙方案试算净现值。单击单元格 C9，输入公式"=（A9，$B$5：$G$5）"，得到相应的数值 13.23，然后按上一步的操作进行公式复制，直到数值出现负数为止，如图 3-6 所示。

第三步，使用内插法计算甲、乙方案的内含报酬率。单击单元格 F9，输入公式 *fx* =A10+(B10/(B10-B11))*(A11-A10)；单击单元格 F10，输入公式 *fx* =A11+(C11/(C11-C12))*(A12-A11)。

这样就得到了甲、乙两方案的内含报酬率，其值分别为 12% 和 13%，如图 3-7 所示，根据评价规则，应选择内含报酬率大的乙方案为最佳方案。

	A	B	C	D	E	F	G
1							
2		投资方案比较					
3	年份	1	2	3	4	5	6
4	甲现金流量	-200	45	60	70	55	50
5	乙现金流量	-250	69	70	84	73	61
6							
7		分析评价					
8	年利率	甲NCF	乙NCF				
9	11%	￥5.70	￥13.23		IRR甲=	12.24%	
10	12%	￥1.04	￥7.33		IRR乙=	13.33%	
11	13%	￥-3.37	￥1.75				
12	14%		￥-3.52				
13							

图 3-7　内含报酬率的计算

任务 2 固定资产折旧分析

折旧是指固定资产因投入使用而发生有形或无形损耗。有形损耗是指固定资产实际使用磨损与自然力侵蚀两者的结合;而无形损耗则是指劳动生产力提高,社会必要劳动量减少引起的相同固定资产市场价值的相对下降带来的损耗。更为重要的是,社会科学技术的进步,使原有的、使用价值较为落后的固定资产被更新和替代,从而引起原有固定资产价值的相对下降。对固定资产损耗的补偿,主要依赖于基本折旧的形式。但是为了保证固定资产在使用年限内整体功能的发挥以及对基本折旧形式的补充,也可以辅以大修理费用的预提或摊配等形式。

【工作目标】 熟练运用 Excel 进行固定资产折旧函数的操作和计算。

【工作基础】

由于净利润的大小受折旧方法的影响,折旧费用高估,净利润低估;反之,则折旧费用低估、净利润高估。就固定资产更新决策而言,折旧尽管不是现金流量,但是由于它会对净利润造成影响,间接产生抵税效果,所以,进行固定资产投资分析时,选择合适的折旧方法是决策者需要考虑的重要因素之一。下面讨论计算折旧额的几种方法和 Excel 提供的折旧函数。

一、直线法

直线折旧法目前使用最普遍。它是按固定资产预计使用年限进行平均分摊计算年折旧率的一种较简单的方法。其计算公式为:

年折旧额＝(固定资产原始价值－预计净残值)÷预计使用年限

其中:

预计净残值＝固定资产报废时预计的残余价值－预计的报废清理费用

年折旧率＝(固定资产的年折旧额÷固定资产的原始价值)×100％

直线折旧法函数 SLN( )的功能:返回一项资产每期的直线折旧费。

语法:SLN(cost,salvage,life)

参数:cost——资产原值;

　　　Salvage——资产在折旧期末的价值(也称为资产残值);

　　　Life——折旧期限(有时也称作资产的生命周期)。

【案例 3-5】

某企业购买了一辆车,其折旧年限为 10 年,残值为 7 500 元。试用直线法计算每年的折旧额。

	A	B
1	原值	30 000
2	残值	7 500
3	年限	10
4	折旧	2 250

图 3-8　直线法折旧

本案例在 Excel 系统的操作如图 3-8 所示。

直接输入公式 fx =SLN(30000,7500,10)　即可得到每年的折旧额为 2 250 元。

二、双倍余额递减法

双倍余额递减法是一种加速折旧法，即为双倍直线折旧率的余额递减法。其计算公式为：

年折旧额＝(固定资产原值－累计折旧额)×(余额递减速率÷预计使用年限)

双倍余额递减法函数 DDB( ) 的功能：使用双倍余额递减法，计算一笔资产在给定期间内的折旧值。

语法：DDB(cost，salvage，life，period，factor)。

参数：Cost——资产原值；

salvage——资产在折旧期末的价值(也称为资产残值)；

life——折旧期限(有时也称作资产的生命周期)；

period——需要计算折旧值的期间；

factor——余额递减速率。

说 明

Period 必须使用与 life 相同的单位；如果 factor 被省略，则假设为 2 (双倍余额递减法)，这五个参数都必须为正数。

【案例 3-6】

广东海珠家具制造有限公司购买了一台新机器，价值为 2 400 万元，使用期限为 10 年，残值为 300 万元。试对比下面例子给出几个期间内的折旧值的计算。

本案例在 Excel 系统的操作如下：

DDB(2 400，300，3 650，1)＝1.32，即第一天的折旧值。Excel 系统自动设置 factor 为 2。

DDB(2 400，300，120，1，2)＝40.00，即第 1 个月的折旧值。

DDB(2 400，300，10，1，2)＝480.00，即第 1 年的折旧值。

DDB(2 400，300，10，2，1.5)＝306.00，即第 2 年的折旧。这里没有使用双倍余额递减法，factor 为 1.5。

DDD(2 400，300，10，10)＝22.12，即第 10 年的折旧值。Excel 系统自动设置 factor 为 2。

三、年数总和法

年数总和法也是一种加速折旧法，它是以固定资产的原始价值减去预计

净残值后的余额乘以一个逐年递减的分数,作为该期的折旧额。年折旧额的计算公式为:

年折旧额＝(固定资产原值－预计净残值)×(尚可使用年限÷年次数字的总和)

其中:

$$年次数字的总和＝life+(1ife-1)+(1ife-2)+\cdots+1$$
$$=(life×(life+1))÷2$$

参数 Life 表示使用年限,用公式表示为:

$$SYD＝((cost-salvage)×(11fe-per+1)×2)÷(life×(life+1))$$

年限总和法函数 SYD( )的功能:返回某项资产按年数总和法计算的某期的折旧值。

语法:SYD(cost,salvage,1ife,per)。

参数:cost——资产原值;

salvage——资产在折旧期末的价值(也称为资产残值);

life——折旧期限(有时也称为资产的生命周期);

per——期间,其单位与 life 相同。

【案例 3-7】

广东海珠家具制造有限公司购买一辆卡车,价值 30 000 元,使用期限为 10 年,残值为 7 500 元,用年数总和法分别计算第 1 年、第 5 年和第 10 年的折旧。

本案例在 Excel 系统的操作如下:

直接输入函数计算公式:

第 1 年的折旧值为:SYD(30 000,7 500,10,1)＝4 090.91(元)

第 5 年的折旧值为:SYD(30 000,7 500,10,5)＝2 454.55(元)

第 10 年的折旧值为:SYD(30 000,7 500,10,10)＝409.09(元)

任务 3 固定资产更新决策分析

由于科学技术的不断发展,固定资产更新周期大大缩短,企业经常需要进行固定资产更新决策,决定是否更换固定资产。

【工作目标】 熟练运用 Excel 进行固定资产投资管理的操作和决策。

【工作基础】

【案例 3-8】

广东海珠家具制造有限公司考虑用一台新的、效率更高的设备来代替旧设备,以减少成本,增加收益。新旧设备具体资料如图 3-9 所示。试进行决策。

	A	B	C
1			
2		旧设备	新设备
3	原值	40 000	60 000
4	预计使用年限	10	5
5	已使用年限	5	0
6	变现金额	20 000	0
7	收入	50 000	80 000
8	付现成本	30 000	40 000
9	残值	0	10 000
10	折旧方法	直线法	双倍余额递减法
11	年利率	6%	
12	所得税税率	25%	

图 3-9　新旧设备资料

本案例在 Excel 系统的操作如下：

第一步，计算旧设备的现金流量。在图 3-10 中相应的单元格中输入公式：B7 为"＝B4－B5－B6"，B8 为"＝B7＊B11"，B9 为"＝B7－B8"，B10 为"＝B9＋B6"。

	A	B
1		
2	旧设备现金流量分析	
3	剩余年限	1~5年
4	收入	50 000
5	付现成本	30 000
6	年折旧	4 000
7	利润总额	16 000
8	所得税	5 280
9	税后利润	10 720
10	现金流量	14 720
11	税率	25%

图 3-10　旧设备现金流分析

	A	B	C	D
1				
2	原值	60 000	残值	10 000
3			年限	5
4			新设备折旧表	
5	年限	折旧值		
6	1	24 000		
7	2	14 400		
8	3	8 640		
9	4	1 480		
10	5	1 480		
11	合计	50 000		
12				

图 3-11　新设备折旧

第二步，计算新设备的现金流量。首先，计算新设备的折旧值，在图 3-11 中相应的单元格中输入公式，即"B6：＝DDB(B2，D2，D3，A6)"，拖动鼠标光标复制公式至单元格 B8，B9 和 B10"：＝(B2－D2－SM(B6：B8))/2"。其次，计算新设备的现金流量。在图 3-12 中相应的单元格中输入公式，即"B7：＝B4－B5－B6"，"B8：＝B7＊\$B\$11"，"B9：＝B7－B8"，"B10：＝B9

+B6"。

在单元格 B7 拖动鼠标光标复制公式至单元格 F7,在单元格 B8 拖动鼠标光标复制公式至单元格 F8,在单元格 B9 拖动鼠标光标复制公式至单元格 F9,在单元格 B10 拖动鼠标光标复制公式至单元格 F10。

	A	B	C	D	E	F
1						
2	新设备现金流量分析					
3	年份	1	2	3	4	5
4	收入	80 000	80 000	80 000	80 000	80 000
5	付现成本	40 000	40 000	40 000	40 000	40 000
6	年折旧	24 000	14 400	8 640	1 480	1 480
7	利润总额	16 000	25 600	31 360	38 520	38 520
8	所得税	5 280	8 448	10 348.8	12 711.6	12 711.6
9	税后利润	10 720	17 152	21 011.2	25 808.4	25 808.4
10	现金流量	34 720	31 552	29 651.2	27 288.4	27 288.4
11	税率	25%				

图 3-12　新设备的现金流量

第三步,进行新旧设备的净现值分析。在图 3-13 中相应的单元格中输入公式,即 B6: fx =NPV(B9,B5:G5);B8: fx =NPV(B9,B7:G7)。

根据所计算的结果,可以看出新设备的净现值大于旧设备的净现值。所以,固定资产更新决策应选择使用新设备。

	A	B	C	D	E	F	G
1							
2	净现值分析表					年利率	6%
3							
4	年份	0	1	2	3	4	5
5	甲方案	−20 000	14 720	14 720	14 720	14 720	14 720
6	甲NCF	¥39 628.30					
7	乙方案	−60 000	34 720	31 552	29 651.2	27 288.4	27 288.4
8	乙NCF	¥63 903.82					

图 3-13　新旧设备净现值分析

项目任务综合训练

【训练 3-1】　广东海珠家具制造有限公司有 A、B 两个投资方案,各年现金流量如图 3-14 所示,假设资金成本率为 13%,两个方案每年的现金流量不等,原始投资额均在基年一次投入 100 000 元。

	A	B	C
	年次	A方案年末现金流量	B方案年末现金流量
1			
2	1	50 000	20 000
3	2	40 000	30 000
4	3	30 000	50 000
5	4	30 000	60 000
6	5	20 000	70 000

图 3-14　A、B 方案各年现金流量

操作提示：由于 A、B 两方案年末现金流量不等，用 NPV 函数分别计算 A、B 方案现值和净现值。

【训练 3-2】 广东海珠家具制造有限公司有 3 个固定投资方案。A 方案所需的投资额为 60 万元，分 2 年平均投入；B、C 两方案为一次性投入资金，金额分别为 50 万元和 40 万元；固定资产使用年限为：A 方案 5 年，B 和 C 方案 4 年；A 方案期末无残值，B 和 C 方案期末残值分别 2.5 万元和 2 万元。假设该公司资金成本率为 15％，按直线法计提折旧，A、B 方案和 C 方案各年的净利润和现金流量如图 3-15 所示。请问这 3 种投资方案哪个最佳（假定出售残值上缴 25％的所得税）？

	A	B	C	D	E	F	G	H	I	J
1		A 方 案			B 方 案			C 方 案		
2	年次	净利	折旧	合计	净利	折旧	合计	净利	折旧	合计
3	1				60 000	95 000	155 000	60 000	76 000	136 000
4	2	150 000	120 000	270 000	70 000	95 000	165 000	60 000	76 000	136 000
5	3	100 000	120 000	220 000	80 000	95 000	175 000	60 000	76 000	136 000
6	4	90 000	120 000	210 000	90 000	95 000	185 000	60 000	76 000	136 000
7	5	80 000	120 000	200 000	100 000	95 000	195 000	60 000	76 000	136 000
8	6	70 000	120 000	190 000						
9	合计	490 000	600 000	1090 000	400 000	475 000	875 000	300 000	380 000	680 000

图 3-15　A、B 方案和 C 方案各年净利润和现金流量

操作提示：

[A 方案]　由于投产后的现金流量不同，用 NPV 函数计算：

投入的现值：F2＝300 000×NPV(15％，300 000)＝560 870(元)

A 方案流量现值：F3＝NPV(15％，D4：D8)＝650 458(元)

A 方案净现值：F4＝F3－F2＝89 589(元)

[B 方案]　由于投产后的现金流量不同，用 NPV 函数计算：

投入的现值：F2＝500 000(元)

B 方案的流量现值：F3＝NPV(15％，D12：D16)＝577 335(元)

残值的现值：F4＝NPV(15％，25 000×(1－.33))＝8 328(元)

B 方案的净现值：F5＝F12－F11＋F13＝85 663(元)

[C 方案]　由于投产后的现金流量相同，用 PV 函数计算：

投入的现值：F4＝400 000(元)

C 方案的流量现值：F3＝－PV(15％，5，136 000)＝45 893(元)

残值的现值：F4＝NPV(15％，200 000×(1－.33))＝6 662(元)

C 方案的净现值：F5＝F21－F20＋F22＝62 555(元)

【训练 3-3】 以[训练 3-1]图 3-14 的资料运用现值指数法分析 A、B 两方案。

操作提示：略。

【训练 3-4】 以[训练 3-2]所给资料，采用内含报酬率法选出 A、B 方案和 C 三方案中的最佳方案。

操作提示：对方案进行试算，找出内部报酬率应在折现率上下限的区间范围，根据内插法公式计算出投资的内含报酬率，具体计算学生应自己完成。

Excel 在证券投资分析中的应用

【项目描述】

　　市场上的有价证券种类有很多,按照不同的标准可以进行不同的分类。按其所体现的经济内容进行分类,有价证券可分为债券投资和股票投资两大类。如何通过内涵价值的计算与分析选择回报率较高的产品,是企业财务管理人员必须掌握的基本技能。如果股票或债券的当前价格低于它的内涵价值,就有可能是我们要寻找的价值洼地,再加上对股票和债券基本面的分析,我们可以作出相应的投资决策。

【能力目标】

◆ 能够运用 Excel 熟练地进行股票内涵价值的计算,并进行股票投资分析与决策。
◆ 能够运用 Excel 熟练地进行债券内涵价值的计算,并进行债券投资分析与决策。
◆ 熟练掌握投资组合分析与决策。

【典型任务】

　　结合证券投资决策的基本理论及其在 Excel 中应用操作技能的训练,熟练掌握股票、债券投资分析和投资组合的 Excel 管理分析与决策。

证券投资
分析案例

任务 1　股票投资分析

投资者进行股票投资,必须知道股票价值的计算方法。如果股票当前价格低于它的内涵价值,就有可能是我们要寻找的价值洼地,再加上对股票基本面的分析,我们可以作出相应的投资决策。

【工作目标】　熟练掌握运用 Excel 进行股票内涵价值的计算,并进行股票投资的分析与决策。

【工作基础】

股票投资的收益组成包括两个方面,即股息和资本利得,代表投资者从开始购入股票到最终售出股票为止的整个持有期间的收入。股票的价值是以复利为基准下全部未来现金流入的折现。股票市场的价格变化、股份公司的经营业绩和公司的股利政策都是影响股票收益的重要因素。

常见的几种股票估价模型有:短期持有、未来准备出售的股票估价模型;长期持有、股利稳定不变的股票估价模型;长期持有、股利稳定增长的股票估价模型;非固定增长的股票估价模型。

一、短期持有、未来准备出售的股票估价模型

部分投资者购入股票后只是短期持有一段时间后便将其转让出去。这种类型投资者的股票投资目的包括两个方面:一是股利收入;二是出售股票时从股票价格上涨中获得好处。在这种情况下,股票的内在价值等于整个股票持有期间所得股利的现值加上该股票最终转让时转让价格的现值。

短期持有、未来准备出售的股票估价模型为:

$$V = \sum_{t=1}^{n} \frac{dt}{(1+K)^t} + \frac{V_n}{(1+K)^n}$$

式中:V——股票内在价值;

V_n——未来预计的股票出售价格;

K——投资人要求的必要投资收益率;

dt——第 t 期预期股利;

n——预计的股票持有期数。

二、长期持有、股利稳定不变的股票估价模型(零增长比率模型)

若投资人购买的股票每年的股利稳定不变,且投资人准备长期持有该股票,则股票估价模型为:

$$V = \frac{D}{k}$$

式中:V——股票当前价格;

D——每年固定股利；

K——投资收益率。

【案例 4-1】

假设广东海珠家具制造有限公司拟购买某优先股的股息为每年 2.1 元，该股票必要收益率为 13.7%。试计算优先股的市场价格应当为多少元？

本案例在 Excel 系统的操作如下：

如图 4-1 所示：在单元格 A2 输入计算公式"＝B1/D1"，点击回车键确认后得到优先股的市场价格应为 15.33 元，即直接将每期发放的股息除以必要收益率即可。

B2	▼	f_x	=B1/D1	
	A	B	C	D
1	每股收益 D:	2.1	必要收益率 K:	13.70%
2	股票价格 V:	15.33		$V=D/K$

图 4-1　优先股股票价格计算

【案例 4-2】

甲企业目前准备在公开市场上买入广东海珠家具制造有限公司的普通股股票，已知广东海珠家具制造有限公司目前股票市价为 6 元/股，最近 1 期股息为 1.20 元/股，且预期保持稳定的股利支付金额。试判断甲企业是否应购买广东海珠家具制造有限公司的股票。

本案例在 Excel 系统的操作如下：

第一步，如图 4-2 所示，新建工作簿，标题为"股利贴现模型（零增长模型，g＝0）"。在表格的相应单元格中输入每股股息、贴现率与当前股价等题目已知条件。

	A	B	C	D
	股利贴现模型（零增长模型，g=0）			
1				
2	输入			
3	每股股息 D_0（元）	1.20		
4	贴现率 K	8.90%		
5	当前股价 P	6.00		
6				
7	输出			
8	内在价值 V	13.48	=B3/B4	
9	净现值 NPV	7.48	=B8-B5	
10	内部收益率 IRR	20.00%	=B3/B5	
11	该股票价格被高估或低估	低估	=IF(B9>0,"低估","高估")	

图 4-2　股利贴现模型（零增长）

第二步,在单元格 B8 中输入公式"＝B3/B4",运用零增长股利股票估价模型的公式,得出广东海珠家具制造有限公司股票的内在价值;在单元格 B9 中输入公式"＝B8－B5",计算投资每股股票收益的净现值;在单元格 B10 中输入公式"＝B3/B5",计算投资该股票将得出的内部收益率 *IRR*。

第三步,判断投资广东海珠家具制造有限公司目前的股票价格是否低估:在单元格 B11 中输入公式"＝IF(B9＞0,"低估","高估")",即如果净现值大于零,投资广东海珠家具制造有限公司股票的内部收益率大于贴现率,则投资广东海珠家具制造有限公司的股票将带来收益。目前,广东海珠家具制造有限公司股票的价格被低估,甲企业应当购买其公司的股票;反之,则不宜进行这项投资。本案例中,结果显示广东海珠家具制造有限公司的股票价格被低估,甲企业应当进行这项投资。

三、长期持有、股利稳定增长的股票估价模型

若投资人购买的股票股利呈现稳定利率增长,且投资人准备长期持有该股票,这类股票的估价有两个假设条件:①股利按固定的年增长率增长,该增长率用 *g* 表示。②股利增长率总是低于企业(投资者)期望的收益率。股票的内在价值也是未来股利按投资者所期望的收益率折成现值的总额。该计算公式可简化为:

$$V = \frac{d_0(1+g)}{K-g} = \frac{d_1}{K-g}$$

式中:d_1——第一年的股息;

  g ——股利增长率;

  K ——必要收益率。

【案例 4-3】

广东海珠家具制造有限公司刚完成最近 1 期的股息支付,且 $D_0=1.10$,预计今后股息将以 8% 的增长率稳定增长,假设该股票的必要收益率为 13.7%。试计算其价格应为多少?

	B6	f_x ＝B1*(1+B2)/(B3-B2)
	A	B
1	第 1 年股息d_0:	1.10
2	股利增长率g:	8.00%
3	必要收益率K:	13.70%
4	d_1:	1.188
5	$K-g$	5.70%
6	股价P:	20.84
7	$P=d_1/(K-g)$	
8	＝$d_0*(1+g)/(K-g)$	

图 4-3 固定增长率股票价格计算

本案例在 Excel 系统的操作如图 4-3 所示。

操作步骤如下:

第一步,计算预计第 1 期所支付的股息大小:单击单元格 B4,输入公式"＝B1 * (1＋B2)",按回车键确认后得到第 1 期支付的股息额为 1.188 元。

第二步,计算必要收益率高出股息增长率的部分:在单元格 B5 中输入"＝B3－B2",按回

车键确认后得到的数值为 5.7％。

第三步,计算股票的价格:在单元格 B6 中,输入"＝B4/B5",回车确认后得到的股票价格为 20.84 元。

【案例 4-4】

承[案例 4-3],若题目中广东海珠家具制造有限公司当前每股股息为 1.20 元,预计股利增长率为 5％,市场要求报酬率为 13.7％,当前股票的价格为 40 元。请问甲企业应作何决策?

本案例在 Excel 系统的操作如下:

第一步,如图 4-4 所示,新建"不变增长模型"的工作簿,在单元格中输入当前每股股息、股息增长率、贴现率和当前股价的数值。

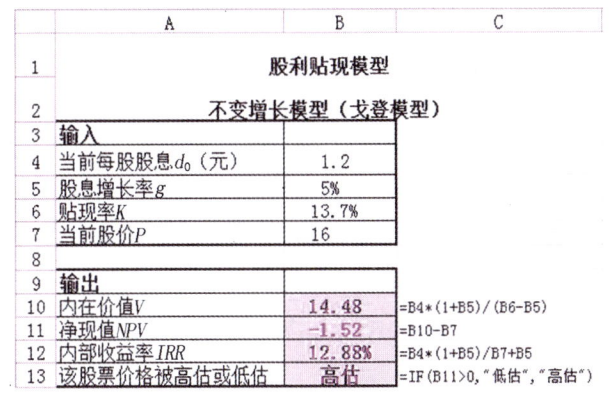

	A	B	C
1	**股利贴现模型**		
2	**不变增长模型(戈登模型)**		
3	**输入**		
4	当前每股股息 d_0(元)	1.2	
5	股息增长率 g	5%	
6	贴现率 K	13.7%	
7	当前股价 P	16	
8			
9	**输出**		
10	内在价值 V	14.48	=B4*(1+B5)/(B6-B5)
11	净现值 NPV	-1.52	=B10-B7
12	内部收益率 IRR	12.88%	=B4*(1+B5)/B7+B5
13	该股票价格被高估或低估	高估	=IF(B11>0,"低估","高估")

图 4-4 股利贴现模型(不变增长模型)

第二步,计算股票的内在价值。根据固定增长率股票价格的股利贴现模型,在单元格 B10 中输入"＝B4＊(1＋B5)/(B6－B5)",得出股票的内在价值为 14.48 元。

第三步,计算投资广东海珠家具制造有限公司股票的净现值,在单元格 B11 中输入"＝B10－B7",得出净现值 NPV 为－1.52。

第四步,计算投资广东海珠家具制造有限公司的股票的内部收益率,在单元格 B12 中输入"＝B4＊(1＋B5)/B7＋B5",得出内部收益率为 12.88％,小于市场必要报酬率。

第五步,判断广东海珠家具制造有限公司的股票价格是否被高估:在单元格 B13 中输入"＝IF(B11＞0,"低估","高估")",结果显示广东海珠家具制造有限公司目前股价 16 元,被高估,所以甲企业不应当购买广东海珠家具制造有限公司的股票。

四、非固定增长的股票估价模型

在企业发展进程中,由于会经历起步、成长、成熟到最后衰退的生命周期,因此不同阶段其收益情况也有所不同。成长期企业的发展会高于社会经济的平均增长率,成熟期企业的发展与社会经济增长大致相当,而衰退期企业的发展则明显低于社会经济的平均增长率。我们把这种公司股利的非固定变化称为非固定增长的股票估价模型,也就是说,如果预计未来一段时间内股利将高速增长,接下来的时间则为正常固定增长或者固定不变,则可以分别计算高速增长、正常固定增长、固定不变等各阶段未来收益的现值,各阶段现值之和就是股利非固定增长情况下的股票价值。其计算公式为:

$$P = 股利高速增长阶段现值 + 股利固定增长阶段现值 + 股利固定不变阶段现值$$

在预期未来红利增长时,一般选用两阶段或三阶段模型,这里我们选用两阶段模型,即假设公司在第一阶段(未来 5 年内)保持高速增长,而在第二阶段增速减缓,回归到稳态增长率。

【案例 4-5】

广东海珠家具制造有限公司为一家在深圳证券交易所上市的公司,投资者对其股票的期望收益率为 13.7%,第 0 年(即当年,下同)的股息为 1.10 元/股。投资者对该公司发展情形预计如下:在未来的前 3 年,股息将按照 30% 的增长率高速增长,此后,将以 8% 的增长率稳定增长。试计算该公司股票的价值。

本案例在 Excel 系统的操作如图 4-5 所示。

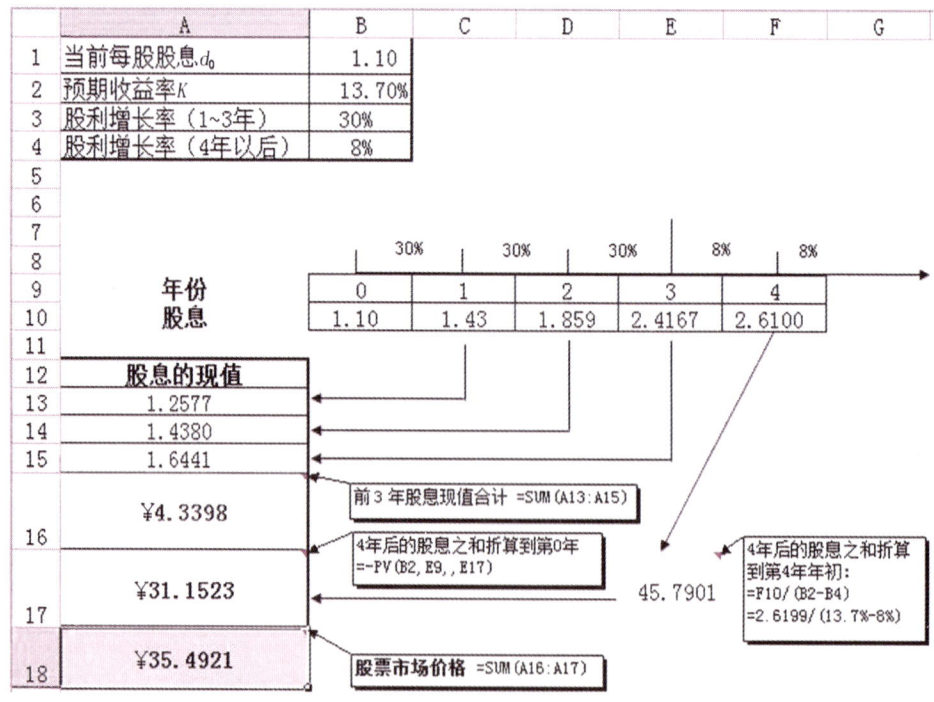

图 4-5 两阶段增长模型

操作步骤如下：

第一步，计算第 1、第 2、第 3 年的股息：分别定义单元格 C10、D10、E10 为第 1、第 2、第 3 年的股息。单击单元格 C10，输入计算公式＝"＄B＄1＊(1＋＄B＄3)^C9"，回车确认后得到第 1 年发放的股息为 1.43 元；单击单元格 C10，并复制该单元格，选中单元格 D10、E10，将单元格 C10 中的公式进行粘贴。回车确认后得到第 2 年、第 3 年发放的股息分别为 1.859 元和 2.416 7 元。

第二步，计算第 4 年的股息：单击单元格 F10，输入计算公式"＝E10＊(1＋＄B＄4)"，回车确认后得到第 4 年的股息发放额为 2.610 0 元。

第三步，单击单元格 E17，输入计算公式"＝F10/(B2－B4)"，按回车键确认后得到第 3 年年末的市场价格为 45.790 1 元。

第四步，将已求出的现金流按期望收益率 B2 进行折现：单击单元格 A17，输入计算公式"＝－PV(B2，E9，，E17)"，计算的结果是 31.152 3 元。或者采用如图 4-5 所示的方法，即将各年所发生的现金流各自进行折现，再相加。因此，估计该企业股票的市场价格应为 35.492 1 元。

【案例 4-6】

C 公司为一非固定成长型公司，该公司今年所发放的每股股利为 2.4 元，前 3 年内将以每年 25％ 的成长率增长，而自第 3 年后则将维持每年 10％ 的固定成长率。假设目前有一投资人想购买该公司股票，试问应对该公司的评价如何？（其他假设条件：无风险利率为 6％；β 系数为 1.6，市场投资组合必要报酬率为 15％）

本案例在 Excel 系统的操作如图 4-6 所示。

	B11	▼	f_x =NPV(D7,B5:B7)+PV(D7,3,,-B8/(D7-D3))	
	A	B	C	D
1		C公司（非固定成长股票）		
2			成长率g（前3年）	25%
3	年度	股利	成长率g（3年后）	10%
4	0	2.40	β 值	1.6
5	1	3.00	市场投资组合必要报酬率R_m	15%
6	2	3.75	无风险利率R_f	6%
7	3	4.69	投资人要求的必要回报率$E(R)$	20.40%
8	4	5.16		
9	5	5.67		
10	无穷尽	--		
11	C公司预期的股价	¥36.17		

图 4-6　非固定成长股票评价

操作步骤如下：

第一步，根据资本资产定价模型，计算投资人要求的必要报酬率：在单元格 D7 中输入公式："＝D6＋D4＊(D5－D6)"。

第二步，股利由于分成两阶段成长，首先在 B4 中输入 2.4；其次在单元格 B5

中输入"=B4＊(1＋＄D＄2)",将 B5 的公式复制到 B5：B6,如图 4-6 所示。

第三步,在单元格 B8 中输入"=B7＊(1＋＄D＄3)"。将 B8 的公式复制到 B9：B10。

第四步,在单元格 B11 中输入预期股价"=NPV(D7,B5：B7)+PV(D7,3,-B8/((D7-D3)))"。

任务 2　债券投资分析

债券投资是指企业将其资金用于购买各种各样的债券,购买国库券、公司债券和短期融资券等都是企业的债券投资行为。债券投资与股票投资相比具有较低的投资风险,但能获得稳定的收益。当然,企业投资于一些期限长、信用等级低的债券,也会面临较大风险。债券的票面价值、利率、偿还期限以及发行价格是债券投资需要考虑的重要因素。

【工作目标】　熟练掌握运用 Excel 进行债券内涵价值的计算,并进行债券投资的分析与决策。

【工作基础】

一、债券的构成要素与分类

(一) 债券的构成要素

债券的构成要素包括以下两项:

(1) 债券的面值是指既定的票面份额,发行人借入并且承诺即将于未来某一特定时期偿付给债券持有人的金额,即面值。

(2) 债券的票面利率是指既定的利率,债券发行人预计未来向投资者支付的利息占票面金额的比率,即票面利率。

由于债券可能适用单利或复利计息,利息支付可能半年 1 次、1 年 1 次或到期日 1 次兑付。这些各式各样的计息和付息方式使得票面利率不可能总是等同于实际利率。

债券的到期日是指发行方偿还债券本金的日期。

(二) 债券的分类

1. 债券按照发行人不同的分类

按照债券发行人的不同,债券可以分为国债、地方债券和公司债券 3 种。有时会单列出金融债券,即把由金融机构发行的债券单独分列出来。

由中央政府直接发行的债券是国债。在通常情况下,国债具有绝对的信用保障,不存在违约风险。因此,在日常的金融计算中,均把短期国债的利率作为无风险收益率。

由地方政府发行的债券称为地方债券,也称为市政债券。地方债券与国债不同,存在着一定的违约风险。

公司债券则是公司发行的债券。公司债券具有不同的风险水平,这要受发行企业的特点及其具体债券类型和偿还条款的影响。

2. 债券根据利息支付情况不同的分类

另外,根据债券利息支付情况的不同,债券可分为以下几类:

(1)贴现债券。该债券承诺在未来的某一确定的日期支付某一单笔资金,也称零息债券。该债券仅仅在期末支付相当于债券面值的现金流,即在债券的有效期内无现金流出发生。

假设贴现债券在未来的第 T 年年末支付金额为 F 的(与面值相同)现金而 T 年中每年的利率为 r,则该贴现债券当前的价值为:

$$B = \frac{F}{(1+r)^t}$$

(2)平息债券。平息债券与贴现债券不同,是由政府或企业发行的典型债券。平息债券在发行日和到期日之间必须要进行有规律的现金支付。另外,平息债券也要在到期日支付相当于债券面值的现金。例如,美国政府与企业发行的债券,其利息支付是每 6 个月进行一次,这些支付被称为是债券的票面利息,利息一直支付到债券到期。鉴于债券的面值 F 在到期日才被支付,F 通常称为本金或面值。因此,平息债券的价格是其利息支付流的现值和其本金支付的现值之和。即平息债券的价格为:

$$B = \frac{C}{1+r} + \frac{C}{(1+r)^2} + \cdots + \frac{C}{(1+r)^t} + \frac{F}{(1+r)^t}$$

其中 C——每期所支付的利息。

(3)永久公债。并不是所有的债券都持有到最后到期日,在 18 世纪,英格兰人就发明了这样的债券,称为英国永久公债,由英格兰银行间持有各保证永久支付现金流。永久公债从不停止支付票面利息,从没有最后支付日,因此也没有到期日。永久公债的一个重要的例子就是优先股。永久公债的价格计算公式为:

$$B = \frac{C}{r}$$

二、债券的价值与收益

对于投资者来说,获取投资收益是购买债券的目的。由于债券的价值与收益可以从两方面考虑,因此债券的价格和持有债券所产生的收益是投资者主要关心的内容,这种收益主要体现为债券的利息。从债券的发行方角度来看,发行方实际获得的融资金额即为债券的发行价格,而支付的利息是所使用资金的成本。由于债券的交易价格受当时的市场利率的影响,因此对债券的发行者有一定的影响。若发行者选择在债券到期前回购债券,这种影响会更加明显。

(一)债券发行时的价值

债券的价值是将其未来全部现金流入的折现价值。对于典型的付息债券,各期利息和到期后的偿付价值共同组成其全部现金流量。由于大部分债券按固定利率计息,并且支付利息时是按给定的日期计息,因此各期利息形成的现金流量实际上可以视为普通年金计算,其计算方法在本教材项目1中年金的计算中有具体介绍。

 【案例 4-7】

广东海珠家具制造有限公司 2017 年 4 月 1 日发行 4 年期债券,票面利率为 6.85%,每年付息两次,票面价值为 200 元,试分析当市场利率与票面利率相等情况下,债券每年的现金流量支付情况。

本案例在 Excel 系统的操作如图 4-7 所示。

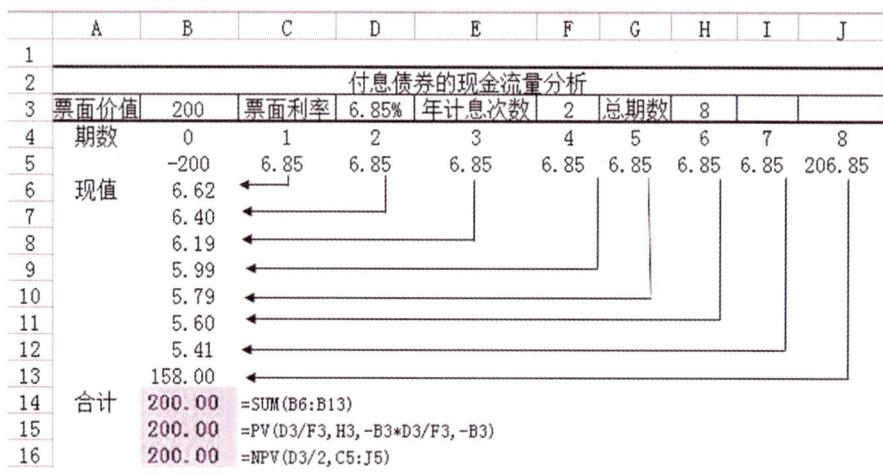

图 4-7　债券的各年现金流量示意图

操作步骤如下:

第一步,每期债券的利息为 6.85 元(200×6.85%÷2),将 4 年间 8 次付息产生的现金流量绘制在时间线上,最后 1 期的现金流量是利息加到期偿付价值,如图 4-7 所示。

第二步,在图 4-7 中的 B6:B13 中,用 PV( )函数分别计算各期现金流量的现值,将各期现金流量的现值求和后正好等于债券的面值 200 元(由于票面利率刚好与市场利率相等),也就是该债券为平价发行的债券。

 【案例 4-8】

某债券 15 年到期,票面利率为 10%,面值为 2 000 元,投资者要求的必要收益率为 10%,则该债券的市场价格应为多少?

本案例在 Excel 系统的操作如下:

方法一:在单元格 B50 中输入公式"=-PV(B32,B28,B30,B31,0)",按【Enter】键确认后得到债券的市场价值为 2 000 元。

方法二：在单元格 B50 中，单击工具栏中的按钮，打开"选择函数"对话框，在"函数分类"列表框中选择"财务"，在右侧的"函数名"列表框中选择"PV"选项，出现如图 4-8 所示的对话框，分别在各参数右侧的区域中输入相应的值即可。

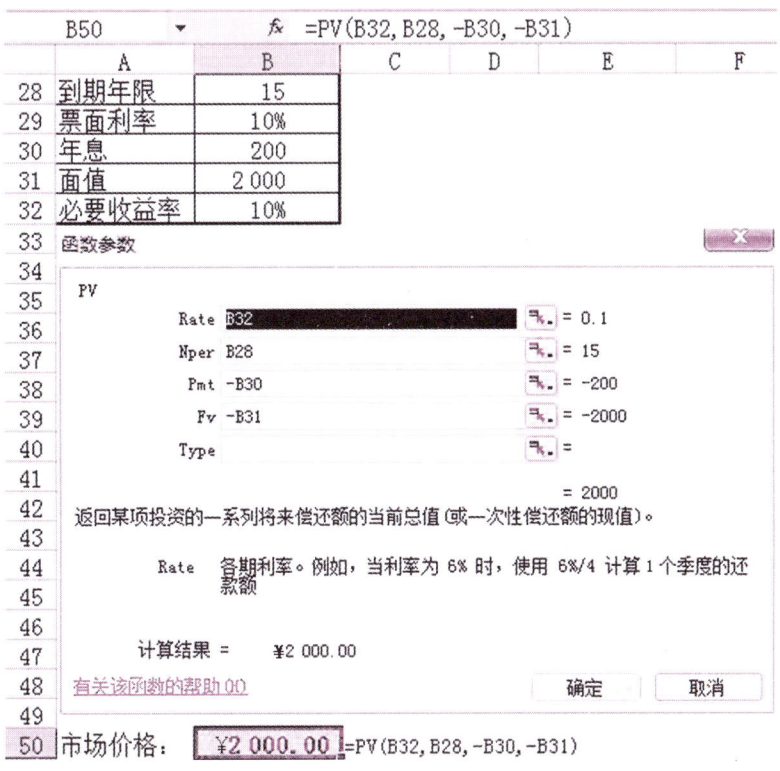

图 4-8　平息债券价格计算

【小参考】

　　PV 函数只能应用在每期支付利息相等且利息发生的相距时间间隔一致的情况下。在输入的公式中，需要设定取 PV 函数的负值，因为 PV 函数计算的是未来现金支出的总现值，根据对支出与收入的正负号定义，应为负值。若要得到正数，则在其计算公式之前再额外添加一个负号即可。

【案例 4-9】

　　承[案例 4-8]的数据，当市场利率的变动状况如图 4-9 时，单元格 B50 公式引用的单元格 B32 为投资者必要的收益率参数，试得出该债券市场利率和债券价格关系图。

　　本案例在 Excel 系统的操作如下：

　　第一步，设定模拟运算表中的运算公式。首先沿列方向任意取定多个不同的利率数值,如图 4-9 所示在 A68～A72 中所输入的数值。其次在单元格 B67 中引用债券价格计算公式,输入"＝B50",按【Enter】键确认后,在单元格 B50 中显示出计算结果"2 000"。本步骤完成对"模拟运算表"中运算公式的设定。

第二步,对"输入引用单元格"的设定。选取模拟运算表单元格区域 A67～B72,选择菜单栏中"数据"选项中的"模拟运算表"命令,出现如图 4-10 所示的对话框。

第三步,点击"输入要引用列的单元格"右侧的按钮,再点击单元格 B32, 表示选择单元格 B32 作为"引用列的单元格"。即债券价格的变化是由单元格 B32 所引用的市场利率的变化引起的,最后点击"确定"按钮,生成如图 4-9 所示的 B68～B72 的数据。

	A	B	C
66		债券价值	
67	必要收益率	2 000.00	
68	0	5 000.00	
69	5%	3 037.97	
70	10%	2 000.00	
71	15%	1 415.26	
72	20%	1 064.91	

B68 ▼ *fx* {=表(,B32)}

图 4-9　模拟运算表

模拟运算表

输入引用行的单元格(R):

输入引用列的单元格(C): $B$32

确定　　取消

图 4-10　模拟运算表的计算

第四步,利用 Excel 的图标功能,作出两者之间的关系图,单击工具栏中的 ■ 图标,出现如图 4-11 的"图表向导-4 步骤之 1-图表类型"对话框,在"标准类型"选项卡的左侧选择"XY 散点图",在右侧选择第二种格式"平滑线散点图",单击"下一步"按钮,进入如图 4-12 所示的"图表向导-4 步骤之 2-图表类型"对话框。

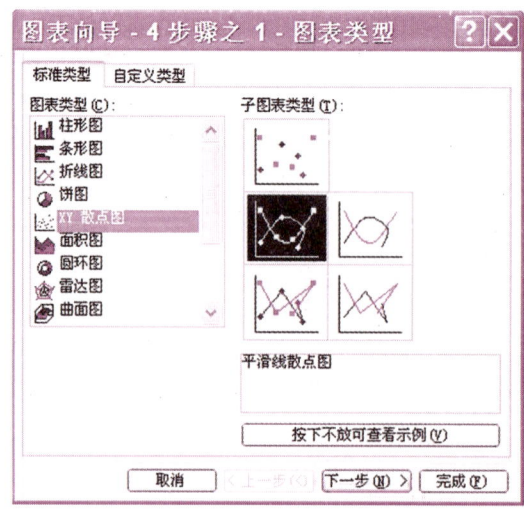

图表向导-4 步骤之 1-图表类型

标准类型　自定义类型

图表类型(C):
柱形图
条形图
折线图
饼图
XY 散点图
面积图
圆环图
雷达图
曲面图

子图表类型(T):

平滑线散点图

按下不放可查看示例(V)

取消　　　< 上一步(B)　下一步(N) >　完成(F)

图 4-11　选择图标类型

在"数据区域"选项中,"数据区域"后面的文本框中列出选定的数据区域(即单元格 A68～单元格 B72 区域)。在"系列产生在"选项中选择"列"。选定后即可在屏幕上部的图形中列示出图形,如图 4-12 所示。

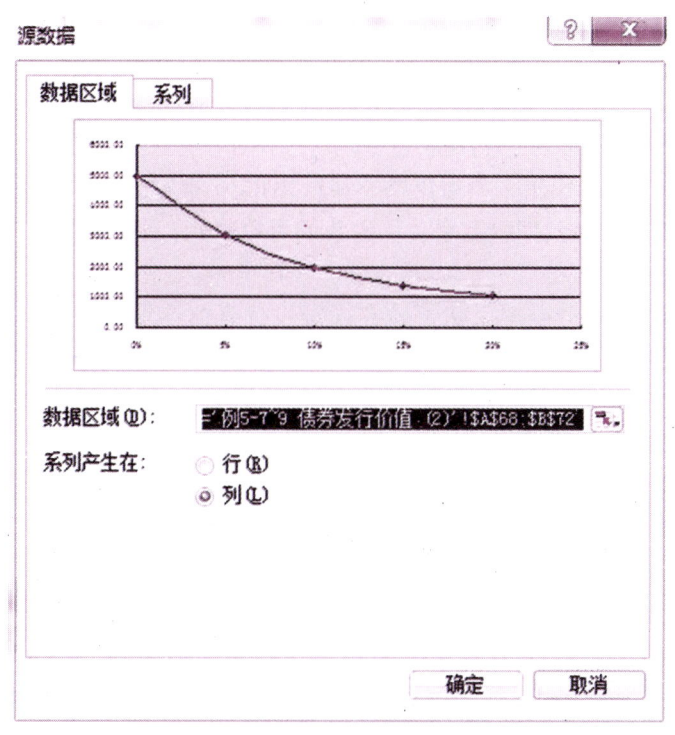

图 4-12　选择数据源

单击"完成"按钮,即可得到如图 4-13 的市场利率和债券价格的关系图。

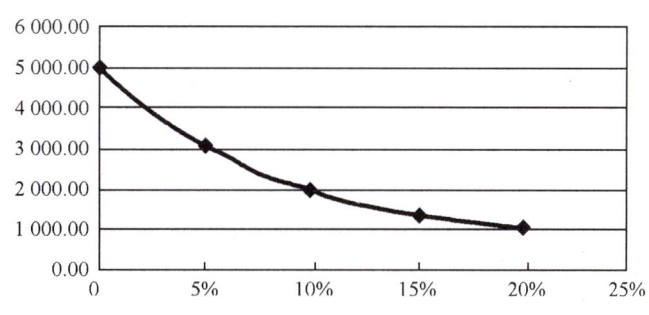

图 4-13　市场利率和债券价格关系图

(二) 债券到期收益率的计算

债券的到期收益率(yield to maturity,YTM)是指投资者在二级市场上买入已经发行的债券并持有至期满为止的这个期限内的年平均收益率。债券到期收益率计算原理,是基于债券所有预期的现金流(包括本金和定期支付的利息)按收益率对现金流进行折算所得现值之和等于债券市场价格,满足这样条件的收益率就是到期收益率。到期收益率的一般计算公式为：

$$P = \frac{C}{1+ytm} + \frac{C}{(1+ytm)^2} + \cdots + \frac{C}{(1+ytm)^n} + \frac{M}{(1+ytm)^n}$$

式中：P——债券市场价格；

C——票面利息；

M——本金（面值）；

ytm——到期收益率。

该公式给出了一只每年票面利息为 C，n 年后偿还本金 M，当前市场价格为 P 的债券的到期收益率。从中我们可以看到，到期收益率的计算有如下几个特点：

（1）到期收益率反映了债券投资者持有债券到期的收益率水平，这是一个内部收益率的概念，是多个现金流的平均收益率。

（2）到期收益率是各个现金流对应的即期收益率的加权平均，不能确定某个单独现金流的利率水平。

（3）到期收益率的计算包含了一个假定，即投资者获得债券的利息后，能够以到期收益率的利率水平对利息进行再投资。如果投资者将利息进行再投资时，没有达到到期收益率的水平，则投资者将债券持有至到期时，实际上没有获得到期收益率所指示的收益率。

在 Excel 中，可以利用项目 1 中已经学过的 RATE 函数计算到期收益率，RATE(nper, pmt, pv, fv, type, guess)。

参数中，guess 为预期利率（估计值），如果省略预期利率，则假设该值为 10%。如果函数 RATE 不收敛，则改变 guess 值。通常，当 guess 位于 0～1 时，RATE 是收敛的。

【小参考】

指定的 guess 和 nper 单位的一致性必须保持一致。例如，年利率为 12%，3 年期的贷款，如果按年支付，guess 应为 12%，nper 为 3；如果按月支付，guess 应为 1%（12%÷12），nper 应为 36（3×12）。

【案例 4-10】

广东海珠家具制造有限公司当前债券的市价为 1 200 元，期限为 15 年，票面年利率为 13%，面值为 1 000 元。试计算该债券的到期收益率。

本系统在 Excel 系统的操作如下：

第一步，每年支付利息额的计算：根据票面利率及面值，可得出每年支付的利息数额，在单元格 B5 中输入"=B1 * B3"，该数字即为 RATE 函数中的参数 pmt。

第二步，在单元格 B6 中输入公式"=RATE(B4，B5，-B2，B1)"，如

图 4-14所示,即可得到到期收益率为 10.32%。

B6	▼	f_x =RATE(B4,B5,-B2,B1)		
	A	B	C	D
1	面值:	1 000		
2	当前的市价:	1 200		
3	票面年利率:	13%		
4	期限:	15		
5	年息票支付额:	130	=B1*B3	
6	到期收益率:	10.32%	=RATE(B4,B5,-B2,B1)	

图 4-14　债券到期收益率的计算

【小思考】

对于投资者而言,当前的市价 1 200 元为企业投资支出,现金的流出应用负值表示。因此,计算公式中 pv 应定义为－B2;而每年年末得到的利息及期末所归还的本金为企业投资收益,现金流入应用正值表示。因此,计算公式中参数 pmt 定义为 B5,参数 fv 定义为 B1。

(三) 提前赎回债券到期收益率的计算

当企业在存在违约风险并且约定债券不能提前赎回时,债券的预期收益率与债券的到期收益率是保持一致的。但是,在债券允许提前赎回的情况下,投资者得到的全部投资收益组成就会发生相应变化。具体包括:①赎回债券时的赎回价格。②从购买该债券起,至发行人提前赎回该债券止,这个期间段内的债券利息。企业得到的现金流量是投资者持有该债券,当此收益的贴现率等于购买债券的交易价格时,贴现率就是赎回收益率(yield to call,YTC)。当市场利率下降时,发行人往往就会提前赎回债券,而以发行具有较低票面利率的债券来作为原有高票面利率债券的替代债券。

提前赎回收益率的计算过程与到期收益率计算过程可以采用相同的计算公式,它们计算的原理相同。但是在公式设置时,应以提前赎回价格代替到期的面值,同时其中的时间长度应选择距离可以行使提前赎回权力的时间长度来替代债券到期的时间。

【案例 4-11】

假设某投资者购入 15 年期的债券,票面年利率为 10%,面值为 1 000 元,该债券允许发行人在距离发行日 10 年后可以 1 300 元的赎回价格将该债券赎回。假设发行 1 年后,市场利率由 10% 降为 5%,使得债券的市场价格上升为1 650 元。试求该债券的提前赎回收益率。

本案例在 Excel 系统的操作如图 4-15 所示。

B7 f_x =RATE(B1,B3,-B4,B5)

	A	B	C	D
1	距离赎回的时间	9		
2	息票利率	10%		
3	年息票支付额	100		
4	当前的市价	1 650		
5	赎回价格	1 300		
6	面值	1 000		
7	提前赎回利率	4.06%	=RATE(B1,B3,-B4,B5)	

图 4-15　提前赎回债券的收益率计算

操作步骤如下：

第一步，确定到期期限：本案例中债券发行 10 年后可赎回，目前已发行 1 年，距离赎回还剩余 9 年，故参数 nper 应引用单元格 B1 中的数据(即 9 年)。

第二步，计算每年支付的利息：该数字即为参数 pmt，在单元格 B185 中输入"＝B6 * B2"。

第三步，参数 fv 的确定：本案例中第 10 年时赎回价格为单元格 B5(即 1 300元)，而非债券的面值，故参数 fv 应引用单元格 B5。

第四步，计算赎回收益率：在单元格 C7 中输入公式："＝RATE(B1，B3，－B4，B5)"，回车得到债券的提前赎回收益率 4.06％。

任务 3　证券投资组合分析

为了最大限度地降低投资风险，任何一个理性投资者在投资市场上都不会单一投资，投资者应该按照一定的比率同时多方面投资，从而形成了投资组合。投资组合中的资产可以包括股票、债券、基金等不同的金融工具。由于各金融工具中包含了各不相同的风险与收益，因此一个投资组合的风险与收益必须从一个整体来进行考量。

【工作目标】 熟练掌握运用 Excel 进行股票内涵价值的计算，并进行股票投资的分析与决策。

【工作基础】

一、投资组合的收益率

投资组合收益率的计算公式为：

$$E(r_p) = \sum_{i=1}^{N} x_i E(r_i)$$

式中，x_1，x_2，x_i 为各种证券在证券组合中所占的比重($x_1 + x_2 + \cdots + x_i = 1$)。

【案例 4-12】

假设市场上 4 家公司股票预期收益率及投资权重,如图 4-16 所示。投资者拟按图 4-16 所示投资该股票组合,那么,预期收益率为多少?

	C80	▼	f_x	=B75*C75+B76*C76+B77*C77+B78*C78	
	A		B	C	D
74	股票名称		权重	预期收益率	
75	Microsoft		0.25	12.0%	
76	General Electric		0.25	11.5%	
77	Pfizer		0.25	10.0%	
78	Coca-Cola		0.25	9.5%	
79					
80	组合的预期收益率=			10.75%	

图 4-16 简单投资组合收益率的计算

本案例在 Excel 系统的操作如图 4-16 所示。

操作步骤如下:

为了计算该投资组合的预期收益率,直接在单元格 C80 中输入计算公式"=B75 * C75+B76 * C76+B77 * C77+B78 * C78",即可计算出该组合的预期收益率为 10.75%;另外,由于 4 种股票投资比例均为 0.25,亦可直接在单元格 C80 中输入函数"=AVERAGE(C75:C78)"。

二、投资组合的风险

证券投资组合风险的高低与各种有价证券之间的相关性有密切关系,其风险的计算不能简单地用各个证券的标准差的加权平均值完成,与期望收益率计算不同。

(一) 完全正相关资产的组合

资产 A 与资产 B 虽然具有不同的收益,但两者的标准差相等,相关系数为 1,变动完全同步,它们这样的组合为两项完全正相关的资产在一起。由于它们组成的投资组合具有与单项资产完全相同的标准差,单项资产收益率的平均值即为投资组合的收益率。由此可以得出结论,一个由两项完全正相关的资产组合在一起的投资组合不能消除任何风险。

【案例 4-13】

某投资者投资的 A 证券与 B 证券各年的收益率如图 4-17 所示,两项资产各自的投资权重均为 0.5。那么,该投资组合的收益率与风险为多少?(注:用标准差表示风险)

本案例在 Excel 系统的操作如图 4-17 所示。

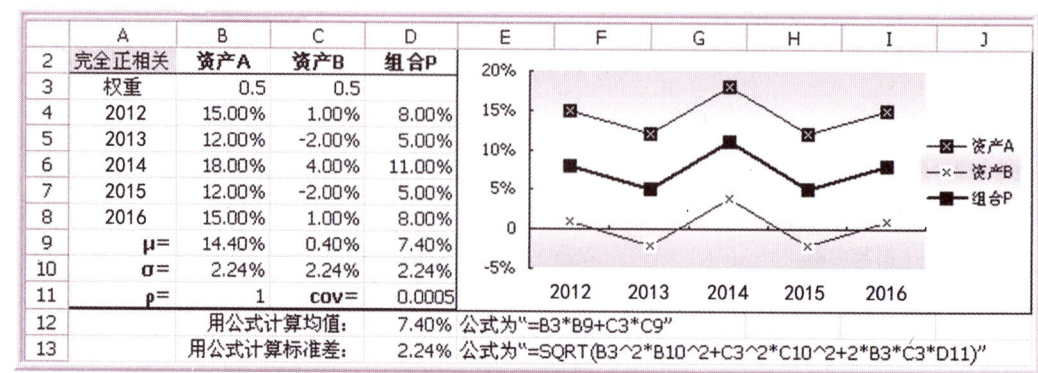

图 4-17 完全正相关两项资产组合收益率与风险

操作步骤如下：

第一步，在单元格 D4 中输入公式"=＄B＄3＊B4＋＄C＄3＊C4"，拖动复制句柄向下拖动到单元格 D8，计算各年投资组合的收益率。

第二步，在单元格 B9 中输入"＝AVERAGE(B4：B8)"，在单元格 C9 中输入"＝AVERAGE(C4：C8)"，在单元格 D9 中输入"＝AVERAGE(D4：D8)"，计算 A 资产和 B 资产与组合的平均收益率。

第三步，在单元格 B10 中输入"＝STDEVP(B4：B8)"，在单元格 C10 中输入"＝STDEVP(C4：C8)"，在单元格 D10 中输入"＝STDEVP(D4：D8)"，计算 A 资产和 B 资产与组合的标准差。

第四步，在单元格 B11 中输入"＝CORREL(B4：B8，C4：C8)"，结果显示为 1，表明两者完全正相关，计算 A 资产和 B 资产的相关系数。

第五步，在单元格 D11 中输入"＝COVAR(B4：B8，C4：C8)"，计算 A 资产和 B 资产的协方差。

第六步，在单元格 D12 中输入"＝B3＊B9＋C3＊C9"，在单元格 D13 中输入"＝SQRT(B3^2＊B10^2＋C3^2＊C10^2＋2＊B3＊C3＊D11)"，套用公式计算组合的收益率与方差。

最后，绘制 A 资产和 B 资产组合的收益系列图。

从图 4-17 中可以看出，完全正相关的资产组合的变动趋势与 A 资产和 B 资产一致，并不能分散风险。

（二）完全负相关资产的组合

由于 A 资产和 B 资产变动方向完全相反，所以两者按同等比例组合在一起，投资组合的收益率成为一条直线，这样的投资组合由完全负相关的两项资产组成。这说明两项完全负相关的资产组合在一起可以分散风险，因为两项资产各自的风险完全相抵了。

具体操作步骤与[案例 13]类似，结果如图 4-18 所示。

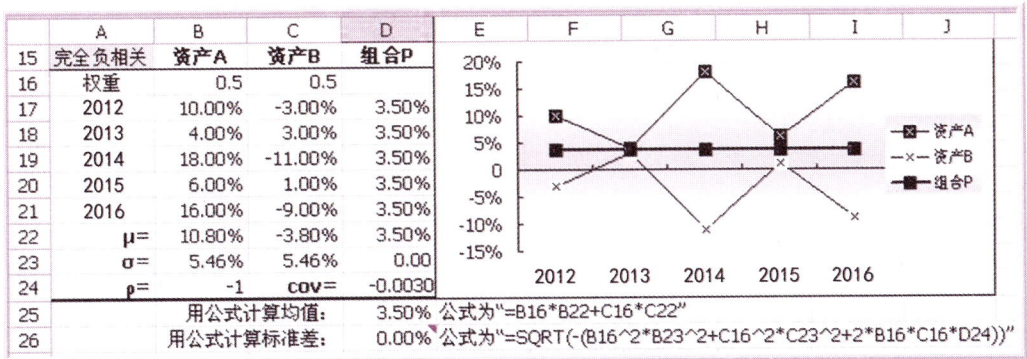

	A	B	C	D
15	完全负相关	资产A	资产B	组合P
16	权重	0.5	0.5	
17	2012	10.00%	-3.00%	3.50%
18	2013	4.00%	3.00%	3.50%
19	2014	18.00%	-11.00%	3.50%
20	2015	6.00%	1.00%	3.50%
21	2016	16.00%	-9.00%	3.50%
22	μ=	10.80%	-3.80%	3.50%
23	σ=	5.46%	5.46%	0.00
24	ρ=		-1	cov=	-0.0030
25	用公式计算均值：		3.50% 公式为"=B16*B22+C16*C22"	
26	用公式计算标准差：		0.00% 公式为"=SQRT(-(B16^2*B23^2+C16^2*C23^2+2*B16*C16*D24))"	

图 4-18　完全负相关两项资产组合收益率与风险

　　然而,现实中并不容易找到完全正相关或负相关的资产,因为这样的情形几乎也是不存在的。据研究,多数两种证券之间的相关系数多介于0.4～0.8,即资本市场上多数证券之间呈现出比较弱的正相关。在这种情况下,将不同证券组合在一起,可以在一定程度上降低投资风险,但不可能完全消除风险。图4-19显示了相关系数为0.6的两项资产等比例组合的情形。

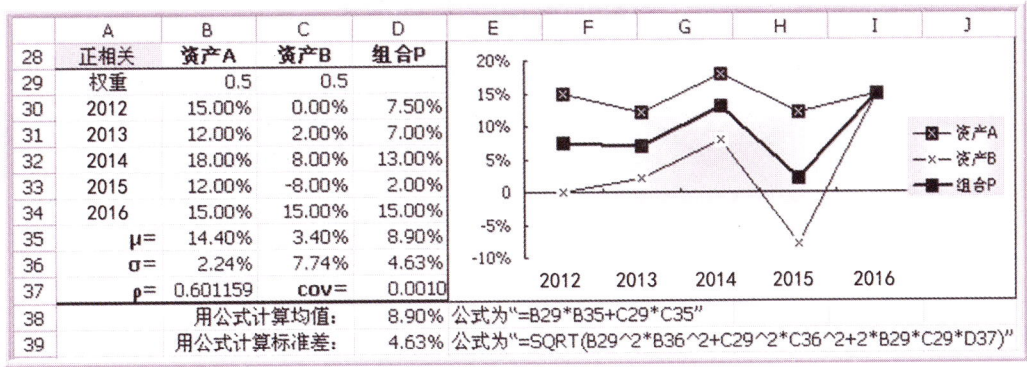

	A	B	C	D
28	正相关	资产A	资产B	组合P
29	权重	0.5	0.5	
30	2012	15.00%	0.00%	7.50%
31	2013	12.00%	2.00%	7.00%
32	2014	18.00%	8.00%	13.00%
33	2015	12.00%	-8.00%	2.00%
34	2016	15.00%	15.00%	15.00%
35	μ=	14.40%	3.40%	8.90%
36	σ=	2.24%	7.74%	4.63%
37	ρ=	0.601159	cov=	0.0010
38	用公式计算均值：		8.90% 公式为"=B29*B35+C29*C35"	
39	用公式计算标准差：		4.63% 公式为"=SQRT(B29^2*B36^2+C29^2*C36^2+2*B29*C29*D37)"	

图 4-19　部分正相关两项资产组合的收益率与风险

项目任务综合训练

　　【训练 4-1】　广东利达制造股份有限公司最近几年的年增长率一直保持为20%,预计未来2年该增长率还将继续保持,如图4-20所示。若 $D_0 = \$2.90$, $k=14\%$,并且正常增长率 $g_n = 6\%$,那么:

　　(1) 该公司当前的股票价格为多少?

　　(2) 该公司预期的股息收益率和资本利得收益率分别为多少?

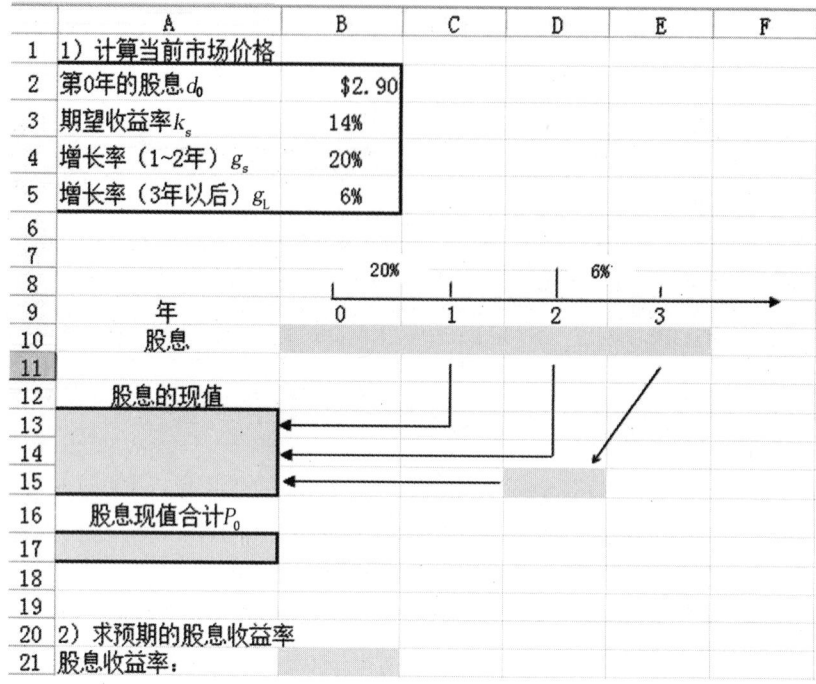

图 4-20　最近几年年增长率

【训练 4-2】　广东利达制造股份有限公司刚刚发行了年利率为 12%,半年付息一次的 20 年期债券,票面价值为 1 000 元,债券的当前市场价格为 1 100元。假设该债券在第 8 年被提前赎回,赎回价格为 1 080 元。

（1）计算债券的到期收益率 YTM。

（2）计算债券的提前赎回收益率。

项目 **5**

Excel 在流动资产管理中的应用

【项目描述】

一个企业的流动资产尤其是现金、存货等存置过多不但影响收益还会产生一定的损失,但太少可能会影响生产运营,那么如何确定一个最佳数量呢?面对激烈的市场竞争,大多数企业为了对客户表示友好而采用赊销方式或者现金折扣,那么如何衡量赊销方式或者现金折扣能否给我们带来利益呢?只有通过计算才能做到心中有数。本项目主要讨论现金、应收账款和存货的管理,以及相应的 Excel 操作方法。

【能力目标】

◆ 能利用 Excel 建立模型,分析现金持有总成本从而进行现金持有决策。
◆ 能利用 Excel 建立模型,分析存货总成本从而进行采购决策。
◆ 能利用 Excel 建立模型,分析各种信用条件下的税前损益从而进行信用标准的制定。

【典型任务】

结合营运资金管理的基本理论及其在 Excel 中应用操作技能的训练,熟练掌握现金、应收账款和存货的 Excel 管理在实践中的应用。

任务 1　现 金 的 管 理

　　流动资产是指可以在 1 年以内或超过 1 年的一个营业周期内变现或运用的资产。按实物形态进行分类,流动资产可以分为现金及各种存款、短期投资、应收及预付货款、存货等。现金是企业中流动性最强的资产,这里的现金不仅包括企业的库存现金,还包括各种形式的银行存款、银行汇票、银行本票等。企业在生产经营活动过程中必须持有一定数量的现金来保证企业的支付能力,降低企业财务风险。

　　【工作目标】　熟练应用 Excel 建立模型,分析现金持有总成本从而进行现金持有决策。

　　【工作基础】

一、现金管理

　　一般来说,流动性越强的资产,其收益性相对越低,而现金资产的特点就是流动性好,但盈利能力较差。一方面,如果为了保证企业的支付能力而现金储备量过大,由于库存现金不能给企业带来收益,而银行存款的利息率也远远低于企业的资金利润率,从而将会影响到企业的获利能力。另一方面,如果企业的现金储备量太小,则可能造成现金短缺,从而影响到企业的生产经营活动,甚至会丧失投机机会。因此,企业进行现金管理的目标,就是在流动性和盈利能力之间作出选择,以获取最大的整体收益;更进一步说,就是要在保证企业正常生产经营活动的前提下,尽可能地降低现金的储备量。

二、现金最佳持有量决策模型

1. 成本分析模型

　　成本分析模型是通过分析持有现金的成本,将持有现金的总成本最低时的现金持有量作为最佳现金持有量。持有现金的成本主要有资本成本、管理成本和短缺成本。现金持有量越多,资本成本就越高,而短缺成本就越低。管理成本一般不随现金持有量的变化而变化。通过计算比较各个现金持有量方案的总成本(资本成本、管理成本和短缺成本之和),选取总成本最低的方案为最优方案。

【案例 5-1】

　　广东海珠家具制造有限公司有 A、B、C、D 4 种现金持有量的方案,各方案对应的相关成本资料如图 5-1 所示,企业持有现金的机会成本率为 5%。请通过成本分析确定最佳现金持有量方案。

	A	B	C	D	E
1		最佳现金持有量决策		单位：元	
2		方案A	方案B	方案C	方案D
3	现金持有量	500 000	550 000	600 000	650 000
4	持有成本构成				
5	资金成本	25 000	27 500	30 000	32 500
6	管理成本	5 000	5 000	5 000	5 000
7	短缺成本	80 000	20 000	10 000	5 000
8	总持有成本				

图 5-1　最佳现金持有量决策-成本分析模型

本案例在 Excel 系统的操作如下：

第一步，选取单元格 B8，选中 B5：B7 区域，单击工具栏上的"自动求和"按钮，即可求出 A 方案的总持有成本，如图 5-2 所示。

	A	B	C	D	E
1		最佳现金持有量决策		单位：元	
2		方案A	方案B	方案C	方案D
3	现金持有量	500 000	550 000	600 000	650 000
4	持有成本构成				
5	资金成本	25 000	27 500	30 000	32 500
6	管理成本	5 000	5 000	5 000	5 000
7	短缺成本	80 000	20 000	10 000	5 000
8	总持有成本	110 000			
9					

图 5-2　计算 A 方案的持有总成本

第二步，利用自动填充功能将单元格 B8 的公式套用到 C8、D8 和 E8，即可求出各个方案的总持有成本，如图 5-3 所示。

	A	B	C	D	E
1		最佳现金持有量决策		单位：元	
2		方案A	方案B	方案C	方案D
3	现金持有量	500 000	550 000	600 000	650 000
4	持有成本构成				
5	资金成本	25 000	27 500	30 000	32 500
6	管理成本	5 000	5 000	5 000	5 000
7	短缺成本	80 000	20 000	10 000	5 000
8	总持有成本	110 000	52 500	45 000	42 500

图 5-3　计算 B、C、D 方案的持有总成本

可见，D 方案的总持有成本最低，故 D 方案为最佳现金持有方案。

2. 存货模型

存货分析模式下注重现金相关成本最低，主要考虑机会成本和转换成本。其中，机会成本和现金持有量呈正比，转换成本与现金持有量呈反比，这两者和现金持有量的变动呈现相反的变动趋势，这就要求企业必须对现金与有价证券的分割比例进行合理安排，从而使机会成本与转换成本保持最佳组合。

存货模型基于以下假设：

（1）企业在一定时期内对现金的需求为已知常数。

（2）单位时间的现金使用量是一个稳定值。

（3）企业需要现金时可以出售有价证券。

假设 T 为一个周期内现金总需求量；F 为每次转换有价证券的固定成本；Q 为最佳现金持有量（每次证券变现的数量）；K 为有价证券利息率（机会成本）；TC 为现金管理总成本。则现金管理总成本的计算公式为：

$$现金管理总成本 = 持有机会成本 + 转换成本$$

即：

$$TC = \frac{Q}{2} \times K + \frac{T}{Q} \times F$$

当持有成本与转换成本相等时，现金管理的总成本最低，此时的现金持有量即为最佳现金持有量，即：

$$Q = \sqrt{2T \times \frac{F}{K}}$$

因此，最佳现金管理总成本 $TC = \sqrt{2T \times F \times K}$。

【案例 5-2】

广东海珠家具制造有限公司通过分析，预测全年现金需求量为 800 万元，现金主要来源于出售有价证券，有价证券的投资收益率为 10%，每次转换成本为 1 000 元。请计算最佳现金持有量和转换次数。

本案例在 Excel 系统的操作如下：

第一步，建立一个工作表"最佳现金持有量"，如图 5-4 所示。该工作表只列出全年需要的现金、现金交易成本和有价证券利率，最佳现金持有量和变现次数在得到最终运算结果后再输入。

	A	B
1	最佳现金持有量的计算过程	
2	全年需要现金（万元）	800
3	现金交易成本（万元/次）	0.1
4	有价证券利率（%）	10%
5	最佳现金持有量（万元）	
6	1年内变现次数（次）	
7		

图 5-4　最佳现金持有量
决策-存货模型

第二步，如图 5-5 所示，在单元格 B5 中输入公式"=SQRT(2 * B3 * B2/B4)"，单元格 B6 中输入公式"=B2/B5"，即可得最佳现金持有量为 40 万元，1 年内企业从有价证券转换为现金的次数约为 20 次。

	B5	▼	f_x	=SQRT(2*B2*B3/B4)

	A	B
1	最佳现金持有量的计算过程	
2	全年需要现金（万元）	800
3	现金交易成本（万元/次）	0.1
4	有价证券利率（%）	10%
5	最佳现金持有量（万元）	40
6	1年内变现次数（次）	20
7		

图 5-5　计算最佳现金持有量和 1 年内变现次数

任务 2　应收账款的管理

应收账款是企业应该收取而尚未收到的各种款项,包括应收账款、应收票据和其他应收款等。应收账款的产生,可以扩大企业的产品销量,提高企业的竞争能力,但同时也会增加管理应收账款的直接成本和间接成本。加强应收账款管理的目的,就是要在应收账款信用政策变化所增加的盈利和相应的成本之间作出权衡,只有当改变信用政策增加的盈利超过增加的成本时,信用政策的改变才是可行的。

【工作目标】　能够熟练应用 Excel 建立模型分析各种信用条件下的税前损益从而进行信用标准的制定。

【工作基础】

应收账款信用政策的制定是应收账款管理的主要内容,是企业财务政策的一个重要组成部分。应收账款的信用政策主要包括信用标准、信用条件和收账政策。合理确定企业的信用政策,直接影响到企业的利益。

一、信用标准决策模型

信用标准是客户获得商业信用所应具备的最低条件。如果企业的信用标准较高,只对信誉好的、坏账损失率低的企业给予赊销,则会减少坏账损失及机会成本,可能会不利于扩大销量及提高市场竞争力;反之,如果企业的信用标准较低,虽然会扩大销量及提高市场竞争力,但会相应增加坏账损失及机会成本。企业应根据具体情况制订合理的信用标准。

有关信用标准的主要计算公式为:

信用标准变化对利润的影响＝由于标准变化增加或减少的销售额×销售利润率

$$\frac{\text{信用标准变化对应收}}{\text{账款机会成本的影响}} = \frac{\text{增加或减少的销售}}{\text{额的平均收款期}} \div 360 \times \frac{\text{由于标准变化增加}}{\text{或减少的销售额}} \times \frac{\text{变动}}{\text{成本率}} \times \frac{\text{应收账款的}}{\text{机会成本率}}$$

（其中,变动成本率＝变动成本÷销售额）

$$\frac{\text{信用标准变化对}}{\text{坏账损失的影响}} = \frac{\text{由于标准变化增加}}{\text{或减少的销售额}} \times \frac{\text{增加或减少的销售}}{\text{额的坏账损失率}}$$

$$\frac{\text{信用标准变化带}}{\text{来的增量利润}} = \frac{\text{信用标准变化对}}{\text{利润的影响}} - \frac{\text{信用标准变化对应收}}{\text{账款机会成本的影响}} - \frac{\text{信用标准变化对}}{\text{坏账损失的影响}}$$

下面我们通过案例实操来分析。

【案例 5-3】

广东海珠家具制造有限公司目前的经营情况和信用标准如图 5-6 所示,公司现根据自身和市场实际情况提出两个信用标准方案,有关数据如图5-6所示。请问该公司应采用哪个方案?

	A	B	C
1	信用标准决策模型		
2	目前经营情况及信用标准		
3	项目	数据	
4	销售收入	200 000	
5	变动成本率	60%	
6	边际贡献	80 000	
7	边际贡献率	40%	
8	信用标准（预期坏账损失率限制）	10%	
9	平均坏账损失率	5%	
10	信用条件	30天付清	
11	平均收款期	45	
12	应收账款的机会成本率	15%	
13	新的信用标准方案有关数据		
14	项目	方案A	方案B
15	信用标准	5%	15%
16	由于标准变化增加或减少的销售额	-9 000	10 000
17	增加或减少的销售额的平均收款期	60	75
18	增加或减少的销售额的平均坏账损失率	8%	13%

图 5-6 信用标准决策模型

本案例在 Excel 系统的操作如下：

第一步，如图 5-7 所示，在 A19：C25 区域上创建"分析区域"，列出信用标准变化对收益、应收账款成本、坏账损失以及信用变化带来的税前损益。

	A	B	C
1	信用标准决策模型		
2	目前经营情况及信用标准		
3	项目	数据	
4	销售收入	200 000	
5	变动成本率	60%	
6	边际贡献	80 000	
7	边际贡献率	40%	
8	信用标准（预期坏账损失率限制）	10%	
9	平均坏账损失率	5%	
10	信用条件	30天付清	
11	平均收款期	45	
12	应收账款的机会成本率	15%	
13	新的信用标准方案有关数据		
14	项目	方案A	方案B
15	信用标准	5%	15%
16	由于标准变化增加或减少的销售额	-9 000	10 000
17	增加或减少的销售额的平均收款期	60	75
18	增加或减少的销售额的平均坏账损失率	8%	13%
19	分析区域		
20	项目	方案A	方案B
21	信用标准变化收益的影响		
22	信用标准变化对应收账款机会成本的影响		
23	信用标准变化对坏账损失的影响		
24	信用标准变化带来的税前损益的影响		
25	结论		

图 5-7 创建信用标准分析区域

第二步,在单元格 B21 中输入公式"＝B16＊＄B＄7",在单元格 B22 中输入公式"＝B17/360＊B16＊＄B＄5＊＄B＄12",在单元格 B23 中输入公式"＝B16＊B18",在单元格 B24 中输入公式"＝B21－B22－B23",如图 5-8 所示,得到方案 A 的有关计算结果。

	A	B	C
1	**信用标准决策模型**		
2	目前经营情况及信用标准		
3	项目	数据	
4	销售收入	200 000	
5	变动成本率	60%	
6	边际贡献	80 000	
7	边际贡献率	40%	
8	信用标准(预期坏账损失率限制)	10%	
9	平均坏账损失率	5%	
10	信用条件	30天付清	
11	平均收款期	45	
12	应收账款的机会成本率	15%	
13	新的信用标准方案有关数据		
14	项目	方案A	方案B
15	信用标准	5%	15%
16	由于标准变化增加或减少的销售额	-9 000	10 000
17	增加或减少的销售额的平均收款期	60	75
18	增加或减少的销售额的平均坏账损失率	8%	13%
19	分析区域		
20	项目	方案A	方案B
21	信用标准变化收益的影响	-3 600	
22	信用标准变化对应收账款机会成本的影响	-135	
23	信用标准变化对坏账损失的影响	-720	
24	信用标准变化带来的税前损益的影响	-2 745	
25	结论		

图 5-8　A 方案的运行结果输出

第三步,选取单元格区域 B21:B24,将其公式复制到单元格区域 C21:C24 中,得到如图 5-9 所示方案 B 的有关计算结果。

	A	B	C
1	**信用标准决策模型**		
2	目前经营情况及信用标准		
3	项目	数据	
4	销售收入	200 000	
5	变动成本率	60%	
6	边际贡献	80 000	
7	边际贡献率	40%	
8	信用标准(预期坏账损失率限制)	10%	
9	平均坏账损失率	5%	
10	信用条件	30天付清	
11	平均收款期	45	
12	应收账款的机会成本率	15%	
13	新的信用标准方案有关数据		
14	项目	方案A	方案B
15	信用标准	5%	15%
16	由于标准变化增加或减少的销售额	-9 000	10 000
17	增加或减少的销售额的平均收款期	60	75
18	增加或减少的销售额的平均坏账损失率	8%	13%
19	分析区域		
20	项目	方案A	方案B
21	信用标准变化收益的影响	-3 600	4 000
22	信用标准变化对应收账款机会成本的影响	-135	187.5
23	信用标准变化对坏账损失的影响	-720	1 300
24	信用标准变化带来的税前损益的影响	-2 745	2 512.5
25	结论		

图 5-9　B 方案的计算结果输出

第四步,在单元格 B25 中输入公式"＝IF(AND(B24＞0,C24＞0),IF(B24＞C24,"应采用方案 A","应采用方案 B"),IF(B24＞0,"应采用方案 A",IF(C24＞0,"应采用方案 B","仍采用目前的信用标准")))"。此公式的含义为,若两个方案的税前损益均为正值,则选择税前损益最大的方案;若两个方案的税前损益一正一负,则选取税前损益为正值的方案;若两个方案的税前损益均为负值,则仍采取目前的信用标准。如图 5-10 所示的计算结果表明,企业应采取 B 方案,因为它可以产生 2 512.5 元的税前损益。

	A	B	C
1	信用标准决策模型		
2	目前经营情况及信用标准		
3	项目	数据	
4	销售收入	200 000	
5	变动成本率	60%	
6	边际贡献	80 000	
7	边际贡献率	40%	
8	信用标准(预期坏账损失率限制)	10%	
9	平均坏账损失率	5%	
10	信用条件	30天付清	
11	平均收款期	45	
12	应收账款的机会成本率	15%	
13	新的信用标准方案有关数据		
14	项目	方案A	方案B
15	信用标准	5%	15%
16	由于标准变化增加或减少的销售额	-9 000	10 000
17	增加或减少的销售额的平均收款期	60	75
18	增加或减少的销售额的平均坏账损失率	8%	13%
19	分析区域		
20	项目	方案A	方案B
21	信用标准变化收益的影响	-3 600	4 000
22	信用标准变化对应收账款机会成本的影响	-135	187.5
23	信用标准变化对坏账损失的影响	-720	1 300
24	信用标准变化带来的税前损益的影响	-2 745	2 512.5
25	结论		应采用B方案

图 5-10 信用标准决策结果

二、信用条件决策模型

信用条件是指企业要求客户支付赊销款项的条件,包括信用期限、折扣期限和现金折扣三方面。信用期限是企业为客户规定的最长付款时间;折扣期限是企业为客户规定的可享受现金折扣的付款时间;现金折扣是在客户在折扣期限内付款时企业提供给客户的优惠。企业提供比较优惠的信用条件,可以增加销售量,但也会增加应收账款的机会成本、坏账损失和现金折扣成本等。

说 明

账单中的"2/10,n/30"就是一项信用条件,它规定如果在发票开出后 10 天内付款,可享受 2% 的折扣,如果不想取得折扣,则这笔款项必须在 30 天内付清。这里,30 天为信用期限,10 天为折扣期限,2% 为现金折扣。

【案例 5-4】

广东海珠家具制造有限公司拟改变信用条件,现有两个可供选择的信用条件方案,有关资料如图 5-11 所示。请问该公司应采用哪种方案?

	A	B	C
1	信用条件决策模型		
2	目前的基本情况		
3	项目	数据	
4	销售额（元）		200 000
5	变动成本率		60%
6	边际贡献（元）		80 000
7	边际贡献率		40%
8	信用标准（预期坏账损失率限制）		10%
9	平均坏账损失率		6%
10	信用条件		30天付清
11	平均收款期（天）		45
12	应收账款的机会成本率		15%
13	新的信用条件方案有关数据		
14	项目	方案A	方案B
15	信用条件	45天内付清，无现金折扣	"2/10,n/30"
16	由于信用条件变化增加或减少的销售额	20 000	30 000
17	增加销售额的平均坏账损失率	11%	10%
18	需付现金折扣的销售额占总销售额的百分比	0	50%
19	现金折扣率	0	2%
20	平均收款期（天）	60	20

图 5-11　信用条件决策模型

本案例在 Excel 系统的操作如下:

第一步,如图 5-12 所示,在 A21:C28 区域上创建"分析区域",列出信用标准变化时对收益、应收账款、现金折扣、坏账损失和信用条件变化带来的税前损益等。

	A	B	C
1	信用条件决策模型		
2	目前的基本情况		
3	项目	数据	
4	销售额（元）		200 000
5	变动成本率		60%
6	边际贡献（元）		80 000
7	边际贡献率		40%
8	信用标准（预期坏账损失率限制）		10%
9	平均坏账损失率		6%
10	信用条件		30天付清
11	平均收款期（天）		45
12	应收账款的机会成本率		15%
13	新的信用条件方案有关数据		
14	项目	方案A	方案B
15	信用条件	45天内付清，无现金折扣	"2/10,n/30"
16	由于信用条件变化增加或减少的销售额	20 000	30 000
17	增加销售额的平均坏账损失率	11%	10%
18	需付现金折扣的销售额占总销售额的百分比	0	50%
19	现金折扣率	0	2%
20	平均收款期（天）	60	20
21	分析区域		
22	项目	方案A	方案B
23	信用条件变化对收益的影响		
24	信用条件变化对应收账款机会成本的影响		
25	信用条件变化对现金折扣成本的影响		
26	信用条件变化对坏账损失的影响		
27	信用条件变化带来的税前损益		
28	结论		

图 5-12　创建分析区域

第二步,在单元格 B23 中输入公式"＝B16＊＄B＄7";在单元格 B24 中输入公式"＝((B20－＄B＄11)/360＊＄B＄4＋B20/360＊B16)＊＄B＄5＊＄B＄12",在单元格 B25 中输入公式"＝(＄B＄4＋B16)＊B18＊B19",在单元格 B26 中输入公式"＝B16＊B17",在单元格 B27 中输入公式"＝B23－B24－B25－B26",得到如图 5-13 所示方案 A 的有关计算结果。

	A	B	C
1	信用条件决策模型		
2	目前的基本情况		
3	项目	数据	
4	销售额(元)	200 000	
5	变动成本率	60%	
6	边际贡献(元)	80 000	
7	边际贡献率	40%	
8	信用标准(预期坏账损失率限制)	10%	
9	平均坏账损失率	6%	
10	信用条件	30天付清	
11	平均收款期(天)	45	
12	应收账款的机会成本率	15%	
13	新的信用条件方案有关数据		
14	项目	方案A	方案B
15	信用条件	45天内付清,无现金折扣	"2/10,n/30"
16	由于信用条件变化增加或减少的销售额	20 000	30 000
17	增加销售额的平均坏账损失率	11%	10%
18	需付现金折扣的销售额占总销售额的百分比	0	50%
19	现金折扣率	0	2%
20	平均收款期(天)	60	20
21	分析区域		
22	项目	方案A	方案B
23	信用条件变化对收益的影响	8 000	
24	信用条件变化对应收账款机会成本的影响	1 050	
25	信用条件变化对现金折扣成本的影响	0	
26	信用条件变化对坏账损失的影响	2 200	
27	信用条件变化带来的税前损益	4 750	
28	结论		

图 5-13　A 方案计算结果输出

第三步,如图 5-14 所示,选取单元格区域 B23:B27,将其公式复制到单元格区域 C23:C27 中,得到方案 B 的有关计算结果。

第四步,在单元格 B28 中输入公式"＝IF(AND(B27＞0,C27＞0),IF(B27＞C27,"应采用 A 方案","应采用方案 B"),IF(B27＞0,"应采用方案 A",IF(C27＞0,"应采用方案 B","仍采用目前的信用条件")))"。此公式的含义为,若两个方案的税前损益均为正值,则选择税前损益最大的方案;若两个方案的税前损益一正一负,则选取税前损益为正值的方案;若两个方案的税前损益均为负值,则仍采取目前的信用条件。 如图 5-15 所示的结果表明,企业应采取方案 B,这样可以使企业税前损益比目前增加 7 800 元。

	A	B	C
1	信用条件决策模型		
2	目前的基本情况		
3	项目	数据	
4	销售额（元）	200 000	
5	变动成本率	60%	
6	边际贡献（元）	80 000	
7	边际贡献率	40%	
8	信用标准（预期坏账损失率限制）	10%	
9	平均坏账损失率	6%	
10	信用条件	30天付清	
11	平均收款期（天）	45	
12	应收账款的机会成本率	15%	
13	新的信用条件方案有关数据		
14	项目	方案A	方案B
15	信用条件	45天内付清，无现金折扣	"2/10, n/30"
16	由于信用条件变化增加或减少的销售额	20 000	30 000
17	增加销售额的平均坏账损失率	11%	10%
18	需付现金折扣的销售额占总销售额的百分比	0	50%
19	现金折扣率	0	2%
20	平均收款期（天）	60	20
21	分析区域		
22	项目	方案A	方案B
23	信用条件变化对收益的影响	8 000	12 000
24	信用条件变化对应收账款机会成本的影响	1 050	-1 100
25	信用条件变化对现金折扣成本的影响	0	2 300
26	信用条件变化对坏账损失的影响	2 200	3 000
27	信用条件变化带来的税前损益	4 750	7 800
28	结论		

图 5-14　B方案计算结果输出

	A	B	C
1	信用条件决策模型		
2	目前的基本情况		
3	项目	数据	
4	销售额（元）	200 000	
5	变动成本率	60%	
6	边际贡献（元）	80 000	
7	边际贡献率	40%	
8	信用标准（预期坏账损失率限制）	10%	
9	平均坏账损失率	6%	
10	信用条件	30天付清	
11	平均收款期（天）	45	
12	应收账款的机会成本率	15%	
13	新的信用条件方案有关数据		
14	项目	方案A	方案B
15	信用条件	45天内付清，无现金折扣	"2/10, n/30"
16	由于信用条件变化增加或减少的销售额	20 000	30 000
17	增加销售额的平均坏账损失率	11%	10%
18	需付现金折扣的销售额占总销售额的百分比	0	50%
19	现金折扣率	0	2%
20	平均收款期（天）	60	20
21	分析区域		
22	项目	方案A	方案B
23	信用条件变化对收益的影响	8 000	12 000
24	信用条件变化对应收账款机会成本的影响	1 050	-1 100
25	信用条件变化对现金折扣成本的影响	0	2 300
26	信用条件变化对坏账损失的影响	2 200	3 000
27	信用条件变化带来的税前损益	4 750	7 800
28	结论	应采用方案B	

图 5-15　信用条件决策结果

三、收账政策决策模型

收账政策是指当违反信用条件时,企业采取的必要的收账策略。企业如果采用较积极的收账政策,可能会减少应收账款占用的资金,减少坏账损失,但要增加收账费用;如果采用较消极的收账政策,可能会增加应收账款占用的资金,增加坏账损失,但会减少收账费用。因此,企业应根据具体情况,制定合适的收账政策。

收账政策的主要计算公式为:

应收账款的平均占用额＝年销售收入÷360×应收账款平均收款期

坏账损失＝年销售收入×坏账损失率

$$建议收账政策所节约的机会成本 = 应收账款的平均占用额 × 变动成本率 × 应收账款的机会成本率$$

建议计划减少的坏账损失＝目前收账政策的坏账损失－建议收账政策的坏账损失

$$建议收账政策所增加的收账费用 = 建议收账政策的年收账费用 - 目前收账政策的年收账费用$$

$$建议收账政策可获得的净收益 = 建议收账政策所节约的机会成本 + 建议计划减少的坏账损失 - 建议收账政策所增加的收账费用$$

下面我们通过案例操作来分析。

 【案例 5-5】

广东海珠家具制造有限公司在不同收账政策下的有关资料如图5-16所示。请问该公司是否应该采用建议的收账政策?

	A	B	C
1		收账政策决策模型	
2		目前的基本情况	
3	项目	数据	
4	年销售收入（元）	2 000 000	
5	变动成本率	60%	
6	应收账款的机会成本率	15%	
7		不同收账政策的有关数据	
8	项目	目前收账政策	建议收账政策
9	年收账费用（元）	25 000	35 000
10	应收账款平均收款期（天）	60	30
11	坏账损失率	4%	2%

图 5-16 公司收账政策模型

本案例在 Excel 系统的操作如下:

第一步,创建分析区域。如图 5-17 所示,在 A12:C20 区域内创建"分析区域",列出与决策相关的各项目。

	A	B	C
1		收账政策决策模型	
2		目前的基本情况	
3	项目	数据	
4	年销售收入（元）	2 000 000	
5	变动成本率	60%	
6	应收账款的机会成本率	15%	
7		不同收账政策的有关数据	
8	项目	目前收账政策	建议收账政策
9	年收账费用（元）	25 000	35 000
10	应收账款平均收款期（天）	60	30
11	坏账损失率	4%	2%
12		分析区域	
13	项目	目前收账政策	建议收账政策
14	应收账款的平均占有额（元）		
15	建议收账政策所节约的机会成本（元）		
16	坏账损失（元）		
17	建议计划减少的坏账损失（元）		
18	按建议收账政策所增加的收账费用（元）		
19	建议收账政策可获得的税前损益（元）		
20	结论		

图 5-17　创建分析区域

第二步，在单元格 B14 中输入公式"＝＄B＄4/360＊B10"，并复制到单元格 C14；在单元格 C15 中输入公式"＝（B14－C14）＊B5＊B6"；在单元格 B16 中输入公式"＝＄B＄4＊B11"，并复制到单元格 C16；在单元格 C17 中输入公式"＝B16－C16"；在单元格 C18 中输入公式"＝C9－B9"；在单元格 C19 中输

	A	B	C
1		收账政策决策模型	
2		目前的基本情况	
3	项目	数据	
4	年销售收入（元）	2000000	
5	变动成本率	60%	
6	应收账款的机会成本率	15%	
7		不同收账政策的有关数据	
8	项目	目前收账政策	建议收账政策
9	年收账费用（元）	25000	35000
10	应收账款平均收款期（天）	60	30
11	坏账损失率	4%	2%
12		分析区域	
13	项目	目前收账政策	建议收账政策
14	应收账款的平均占有额（元）	333333	166667
15	建议收账政策所节约的机会成本（元）		15000
16	坏账损失（元）	80000	40000
17	建议计划减少的坏账损失（元）		40000
18	按建议收账政策所增加的收账费用（元）		10000
19	建议收账政策可获得的税前损益（元）		45000
20	结论	采用建议收账政策	

图 5-18　收账政策决策结果

入公式"＝C15＋C17－C18"；在单元格 B20 中输入公式"＝IF(C19＞0,"采用建议收账政策","维持目前收账政策")"。如图 5-18 所示,结果表明,该公司应采用建议收账政策,因为这样可以获得税前损益 45 000 元。

任务 3 存货的管理

存货是企业在生产经营中为生产或销售而储备的物资。在企业的流动资产中,存货所占的比重较大,存货利用得好与坏,对企业财务状况的影响极大。企业持有存货,可以节约采购费用与生产时间,有利于企业生产及销售过程的顺利进行,避免因存货不足带来的损失;但是,若企业持有的存货过多,则会占用较多的流动资金,使企业付出更大的持有成本,而且会增加储存与管理费用,影响企业获利能力的提高。因此,加强存货的规划与控制,确定合理的存货量,在充分发挥存货功能的同时,降低成本,增加收益,是存货管理的基本目标。

【工作目标】 能够熟练应用 Excel 建立模型,分析存货总成本从而进行采购决策。

【工作基础】

一、存货成本以及经济订货批量

存货的决策涉及多方面的内容,包括决定进货项目、选择供货单位、决定进货时间和决定进货批量等。其中,最常见的存货决策是确定经济订货批量。

企业购买和储存存货的有关成本主要包括三部分:

(1) 采购成本:购买材料等存货所支付的价款。

(2) 订货费用:为采购存货所花费的各项进货费用,包括采购人员的差旅费、办公费以及存货的运输费和检验费等。

(3) 储存费用:存货在仓库中储存和保管所花费的各项费用,包括存货占用资金的机会成本、仓库人员的工资及办公费、库房的折旧费和维修费及存货储存期间的合理损耗等。

在一定时期,存货的需求和采购量一定的情况下,如果供货商没有按订货数量的多少给予价格上的折扣,采购成本是确定的;订货费用与一定时期的订货次数呈正比,与一次订货量呈反比;储存费用与一定时期的平均存货水平呈正比。在这里,所谓经济订货批量,是指使存货的总成本最低的一次订货批量。

(一) 基本经济订货批量模型

基本的经济订货批量模型建立在下列假设基础之上:

(1) 企业能够瞬时补充存货。

(2) 存货能集中到货。

（3）不允许缺货。

（4）一定时期的存货总需求量确定。

（5）存货的单价保持不变。

在这些假设前提下，总存货费用 C 的计算公式为：

$$C = D \times P + \frac{D \times A}{Q} + \frac{1}{2} \times P \times K \times Q$$

式中：Q ——订货批量；

D ——一定时期存货的需求量；

A ——一次订货费；

P ——存货单价；

K ——存货的存储费率，

PK ——单位存储费用。

C 对 Q 求导数，并令 $dC/dQ = 0$，即得存货的经济订货批量的计算公式为：

$$Q^* = \sqrt{\frac{2D \times A}{P \times K}}$$

在此基础上，还可以进一步计算出一定时期最佳的订货次数的计算公式为：

$$N^* = \frac{D}{Q^*}$$

一定时期存货的最低订储费用（订货费用和储存费用合计）的计算公式为：

$$T^* = \sqrt{2 \times D \times A \times P \times K}$$

【案例 5-6】

广东海珠家具制造有限公司每年所需的原材料为 36 000 千克，每千克价格为 100 元，此原材料的单位储存成本为 10 元/年，每次的订货成本为 200 元。求其使相关总成本总小的经济批量及订货次数和最低年订储费用。

本案例在 Excel 系统的操作如下：

如图 5-19 所示，将有关资料整理到 Excel 上，在单元格 B6 中输入"分析结果"，在单元格 B7 中输入"＝SQRT（2＊B2＊B3/（B4＊B5））"，在单元格 B8 中输入"＝B2/B7"，在单元格 B9 中输入"＝SQRT（2＊B2＊B3＊B4＊B5）"，则可得到经济订货批量为 1 200 千克，年订货次数 30 次，年最低订储费用 12 000 元。

	A	B
1	基本经济订货批量模型	
2	全年需要量（千克）	36 000
3	一次订货费用（元/次）	200
4	材料单价（元/千克）	100
5	存储费率	0.1
6	分析结果	
7	经济订货批量（千克）	1 200
8	年经济订货次数（次）	30
9	年最低订储费用（元）	12 000

图 5-19 基本经济订货批量模型

（二）存货陆续供应和耗用情况下的经济订货批量模型

在存货陆续供应和耗用情况下，经济订货批量 Q^* 和最低订储费 T^* 的计算公式为：

$$Q^* = \sqrt{\frac{2DA}{PK\left(1 - \dfrac{d}{g}\right)}}$$

$$T^* = \sqrt{2DAPK\left(1 - \frac{d}{g}\right)}$$

式中：g——送货期内每日平均送货量；

d——每日平均消耗量，其他符号的含义同上。

【案例 5-7】

承［案例 5-6］中，假设广东海珠家具制造有限公司所需要的材料不是即时到货，而是陆续供货，进货期内每日供货量为 300 千克，每日需求量为 100 千克。请计算该材料的经济订货批量、全年订货次数和最低订储费用。

本案例在 Excel 系统的操作如下：

在 B8 单元格中输入"分析结果"，在单元格 B9 中输入"＝SQRT（2＊B2＊B3/（B4＊B5＊（1－B7/B6）））"，在单元格 B10 中输入"＝INT（B2/B9＋0.5）"，在单元格 B11 中输入"＝SQRT（2＊B2＊B3＊B4＊B5＊（1－B7/B6））"。如图 5-20 所示，则可计算出经济订货批量为 1 220.5 千克，年订货次数为 29 次，年最低订储费用为 9 798 元。

	A	B
1	存货陆续供应和耗用情况下的经济订货批量模型	
2	全年需要量（千克）	36 000
3	一次订货费用（元/次）	200
4	材料单价（元/千克）	100
5	存储费率	10%
6	每日供货量（千克）	300
7	每日需求量（千克）	100
8	分析结果	
9	经济订货批量（千克）	1 220.5
10	年经济订货次数（次）	29
11	年最低订储费用（元）	9 798.0

图 5-20　存货陆续供应和耗用情况下的经济订货批量模型

（三）允许缺货条件下的经济订货批量模型

在允许缺货的条件下，经济订货批量 Q^* 和最低订储费 T^* 的计算公式为：

$$Q^* = \sqrt{\frac{2DA}{PK} \times \frac{S + PK}{S}} \qquad T^* = \sqrt{2DAPK \times \frac{S}{S + PK}}$$

式中：S——单位缺货损失费用，其他符号的含义同前。

名师精品·
高职高专会计系列
Gaozhigaozhuan Kuaiji Xilie

【案例 5-8】

广东海珠家具制造有限公司年需要 A 材料 36 000 千克,每次订货费用为 200 元,单位保管费用为 10 元/年,允许缺货。如果缺货,则每缺货 1 千克材料年损失费用为 8 元。请计算该材料的经济订货批量、全年订货次数和最低订储费用。

本案例在 Excel 系统的操作如下:

第一步,如图 5-21 所示,制作经济订货批量决策模型。这里设计了是否允许缺货的控件,其中"设计控件格式"中"数据源区域"为"＄D＄1：＄D＄2""单元格链接"为"B8""下拉显示项数"为"2",而在单元格 D1 中填入"不允许缺货",在单元格 D2 中填入"允许缺货"。

▲	A	B	C	D
1	经济订货批量决策模型			不允许缺货
2				允许缺货
3	已知数据			
4	全年需要量（千克）	36 000		
5	一次订货费用（元/次）	200		
6	每件保管费用（元/件/年）	10		
7	单件缺货损失费用（元/件/年）	8		
8	是否允许缺货	不允许缺货 ▼		
9	分析结果			
10	经济订货批量（件）	1 200		
11	年经济订货次数（次）	30		
12	年最低订储费用（元）	12 000		

图 5-21　允许缺货条件下的经济订货批量模型

第二步,在单元格 B10 中输入经济订货批量计算公式:"＝IF(B8＝1,SQRT(2＊B4＊B5/B6),SQRT(2＊B4＊B5/B6＊(B7＋B6)/B7))",单元格 B11 中输入年最佳订货次数计算公式"＝INT(B4/B10＋0.5)",单元格 B12 中输入年最低订储费用计算公式"＝IF(B8＝1,SQRT(2＊B4＊B5＊B6),SQRT(2＊B4＊B5＊B6＊B7/(B7＋B6)))"。

经过计算可以得出,不允许缺货情况下经济订货批量为 1 200 千克,年最佳订货次数 30 次,年最低订储费用 12 000 元;当允许缺货时,经济订货批量为 1 800 千克,年最佳订货次数 20 次,年最低订储费用 8 000 元。

二、存货 ABC 分类管理模型

现代企业,存货品种往往成千上万,而且企业的存货物资往往存在着这样的现象:某些少数存货物资占用着大部分资金,而大多数存货物资仅占全部资金的较少部分。如果不区分重点,对每一项存货都进行周密的规划和严格的控制,不仅使存货管理工作变得复杂,而且也容易造成顾此失彼。因此,有必要对存货物资进行分类控制,ABC 分类管理法就是一种简便有效的方法。

ABC 分类管理法是一种体现重要性原则的管理方法。其关键就是对各种存货项目按其总价值的大小分成 A、B、C 三类,分别实行分品种重点管理、分类别一般控制和按总额灵活掌握的方法进行管理。存货 ABC 分类的标准主要有两个:一是金额标准,二是品种数量标准。其中,金额标准是最基本的,品种数量标准仅作为参考。常见的分类标准如下:

A 类存货:品种数约占 10%~15%,存货金额约占 80%;

B 类存货:品种数约占 20%~30%,存货金额约占 15%;

C 类存货:品种数约占 55%~70%,存货金额约占 5%。

A 类存货的特点是金额巨大,但品种数量较少,应进行重点管理;B 类存货金额一般,品种数量相对较多,应进行次重点管理;C 类存货品种数量繁多,但价值金额却很小,应进行一般管理。

ABC 分类管理法的具体步骤如下:

(1) 根据每一种存货在一定时期以内(如 1 年)的需求量和价格计算出该种存货的资金占用额,并按金额从大到小的顺序进行排列,依次计算每一种存货资金占用额占全部资金占用额的百分比及累计的金额百分比。

(2) 按上述排定的顺序,依次计算累计存货品种数占全部品种数的百分比。

(3) 按事先确定的标准将全部存货划分为 A、B、C 三类。

(4) 根据 ABC 分类的结果选择相应的方法,对各类存货进行控制。

【案例 5-9】

广东海珠家具制造有限公司目前共需要 15 种材料,均需外购,其单位购入成本及全年需要量的有关数据如图 5-22 所示,并已将该资料存入一个名为"存货物资基本资料"的工作表中。请对该企业的存货物资进行 ABC 分类。

本案例在 Excel 系统的操作如下:

第一步,在工作表"存货物资基本资料"所在的工作簿中插入一个名为"ABC 分类计算及分析"的工作表,如图 5-23 所示,将工作表"存货物资基本资料"中单元格区域 A2:C18 的内容复制到工作表"存货物资的 ABC 分类计算及分析"中,此操作是为了在以后的分析中保护原数据不被打乱。

第二步,在单元格 D3 中输入公式"=B3 * C3",在 E3 中输入公式"=D3/$D$18",选中单元格 D3:E3,向下一直复制到单元格 D17:E17;然后选中单元格区域 D18:E18,单击工具栏上的自动求和按钮,求出合计数,计算结果如图 5-23 所示。

	A	B	C
1	存货物资基本资料		
2	材料规格	单位购入成本	全年需要量
3	L201	2.2	3 000
4	L202	1.1	8 000
5	L203	40	7 000
6	L204	30	2 500
7	L205	5	6 000
8	L206	20	10 000
9	L207	1.2	9 000
10	L208	24	6 500
11	L209	7	6 000
12	L210	0.2	150 000
13	L211	1	5 000
14	L212	2.5	8 000
15	L213	8	5 800
16	L214	1.5	3 600
17	L215	9	2 000

图 5-22　存货物资基本资料

	A	B	C	D	E
1	存货物资的ABC分类计算及分析				
2	材料规格	单位购入成本	全年需要量	金额	各类存货占用资金的比重
3	L201	2.2	3 000	6 600	0.71%
4	L202	1.1	8 000	8 800	0.94%
5	L203	40	7 000	280 000	29.98%
6	L204	30	2 500	75 000	8.03%
7	L205	5	6 000	30 000	3.21%
8	L206	20	10 000	200 000	21.41%
9	L207	1.2	9 000	10 800	1.16%
10	L208	24	6 500	156 000	16.70%
11	L209	7	6 000	42 000	4.50%
12	L210	0.2	150 000	30 000	3.21%
13	L211	1	5 000	5 000	0.54%
14	L212	2.5	8 000	20 000	2.14%
15	L213	8	5 800	46 400	4.97%
16	L214	1.5	3 600	5 400	0.58%
17	L215	9	2 000	18 000	1.93%
18	合计		232 400	934 000	100.00%

图 5-23　存货物资的 ABC 分类管理计算及分析

第三步,如图 5-24 所示,选中单元格区域 A3：E17,单击"数据"选项卡,单击"排序"按钮,出现"排序"对话框。在"排序"对话框中,单击"主要关键字"选"金额",排序依据选"数值",次序选"降序",单击"确定"按钮,得到各类存货占用资金从大到小排列的数据。

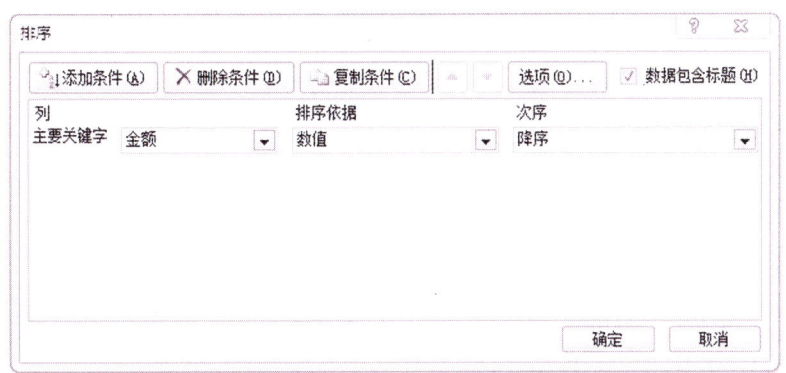

图 5-24　"排序"对话框

第四步,在单元格 F3 中输入公式"＝E3",在单元格 F4 中输入公式"＝F3＋E4",然后将公式从单元格 F4 往下一直复制到单元格 F17,得到各类存货占用资金的比重累计值。

第五步,在单元格 G3 中输入公式"＝IF(F3＜＝80％, "A", IF(F3＜＝95％, "B", "C"))",并将此单元格的公式往下一直复制到单元格 G17,得到各类存货的 ABC 分类。

第六步,在单元格 J4 中输入公式"＝SUMIF($G$3：$G$17, I4, $E$3：$E$17)",在单元格 K4 中输入公式"＝COUNTIF

（＄G＄3：＄G＄17，14）/COUNT（＄F＄3：＄F＄17）"，选中单元格 J4：K4，并将 K4 的公式往下一直复制到单元格 J6：K6；选中单元格区域 J7：K7，单击工具栏上的自动求和按钮；如图 5-25 所示，这样就得到了 A、B、C 三类存货物资的品种比重及占用资金比重，存货物资 ABC 分类的计算及分析就完成了。

	A	B	C	D	E	F	G	H	I	J	K
1				存货物资的ABC分类计算及分析							
2	材料规格	单位购入成本	全年需要量	金额	各类存货占用资金的比重	累计比重	存货类别		类别	ABC分类分析 占用资金比重	品种比重
3	L203	40	7 000	280 000	29.98%	29.98%	A		A	76.12%	26.67%
4	L206	20	10 000	200 000	21.41%	51.39%	A		B	18.03%	33.33%
5	L208	24	6 500	156 000	16.70%	68.09%	A		C	5.85%	40.00%
6	L204	30	2 500	75 000	8.03%	76.12%	A		合计	1	1
7	L213	8	5 800	46 400	4.97%	81.09%	B				
8	L209	7	6 000	42 000	4.50%	85.59%	B				
9	L205	5	6 000	30 000	3.21%	88.80%	B				
10	L210	0.2	150 000	30 000	3.21%	92.01%	B				
11	L212	2.5	8 000	20 000	2.14%	94.15%	B				
12	L215	9	2 000	18 000	1.93%	96.08%	C				
13	L207	1.2	9 000	10 800	1.16%	97.24%	C				
14	L202	1.1	8 000	8 800	0.94%	98.18%	C				
15	L201	2.2	3 000	6 600	0.71%	98.89%	C				
16	L214	1.5	3 600	5 400	0.58%	99.46%	C				
17	L211	1	5 000	5 000	0.54%	100.00%	C				
18	合计		232 400	934 000	100.00%						

图 5-25 甲企业存货 ABC 分类分析结果

由计算分析结果可以看出，L203、L206、L208 和 L204 四种材料占用资金比重合计达 76.12％，而其品种数量仅占全部存货材料品种的 26.67％，故企业应对这四种存货材料加强监控和管理。

项目任务综合训练

【训练 5-1】 某企业现金收支状况比较稳定，预计全年需要现金 80 000元，现金与有价证券的转换成本为每次 80 元，有价证券的年利率为 10％，请确定企业最佳现金持有量。

操作提示：首先，建立一个命名为"最佳现金持有量"的工作表，该工作表只列出全年需要现金、现金交易成本和有价证券利率。其次，根据公式分别计算最佳现金持有量和 1 年内企业从有价证券转换为现金的次数。

	A	B	C
1	信用标准决策模型		
2	目前的基本情况		
3	项目	数据	
4	销售额（元）	20 0000	
5	变动成本率	55%	
6	信用标准（预期坏账损失率限制）	10%	
7	平均坏账损失率	5%	
8	信用条件	30天付清	
9	平均收款期（天）	60	
10	应收账款的机会成本率	15%	
11	新的信用标准方案有关数据		
12	项目	方案A	方案B
13	信用标准	6%	13%
14	由于标准变化增加或减少的销售额	-10 000	15 000
15	增加或减少的销售额的平均收款期	50	80
16	增加或减少的销售额的平均坏账损失率	11%	10%

图 5-26 A 公司目前经营情况和信用标准

【训练 5-2】 A 公司目前经营情况和信用标准如图 5-26 所示，企业现提出两个信用方案，请确定公司应采用哪个方案。

操作提示：可以参照［案例5-2］中相关例题进行操作。

项目 **6**

Excel 在利润管理中的应用

【项目描述】

　　利润是企业一定时期生产经营成果的反映,是企业生产经营活动效率和效益的最终体现。利润水平的高低不仅反映企业的盈利水平,而且也反映企业在市场经济中的生存和竞争能力。因此,利润管理对企业生产经营活动起着一定的作用。为了加强利润管理,应在坚持正确的生产经营方向的前提下,把效益放在应有的位置上,采取各种行之有效的措施,不断提高盈利水平,开展利润预测,制定切合实际的利润目标。企业采取各种措施增加利润必须从全局利益出发,一定时期内的利润必须首先用于纳税,其次才能用于企业生产经营发展和企业各项福利支出。本项目主要对利润预测和利润管理的各种方法和应用进行讨论,并介绍具体的 Excel 上机操作。

【能力目标】

◆ 能够熟练掌握比率预测法的 Excel 具体操作。
◆ 能够熟练掌握本量利预测法的 Excel 具体操作。
◆ 能够熟练掌握利润管理方法的 Excel 具体操作。
◆ 能够熟练掌握本量利分析预测法的 Excel 具体运用。
◆ 能够理解利润敏感性分析的 Excel 模型。

【典型任务】

　　结合利润管理的基本理论及其在 Excel 中应用操作技能的训练,熟练掌握比率预测法、本量利预测法、利润管理及利润敏感性分析在 Excel 管理实践中的应用。

任务 1   目标利润的预测

利润预测与规划就是指在销售预测的基础上，根据各种相关的资料，采取适当的方法对企业未来一段时期的利润作出科学的预计和推测，并作出相应的规划。对一个企业而言，正确的利润预测可以为企业未来的经营找到利润目标，便于按利润目标对企业经营效果进行考核。

利润相关计算公式如下：

营业利润 ＝ 营业收入 － 营业成本 － 税金及附加 － 销售费用 － 管理费用
　　　　　 － 财务费用 － 资产减值损失 ＋ 公允价值变动收益（减损失）
　　　　　 ＋ 投资收益（损失）

利润总额 ＝ 营业利润 ＋ 营业外收入 － 营业外支出

净利润 ＝ 利润总额 － 所得税费用

本项目讨论的利润就是制造企业的营业利润。常见的利润预测方法包括比率预测法和本量利分析预测法等。

【工作目标】　掌握比率预测法和本量利分析预测法，并结合 Excel 操作方法熟练应用于利润管理。

【工作基础】

一、比率预测法

比率预测法就是指根据不同的利润率指标来预测销售利润的方法。最常用的利润率指标主要有销售收入利润率、成本费用利润率、资金利润率和产值利润率等。

利润指标的具体计算公式为：

预计销售利润金额 ＝ 预计销售收入金额 × 销售收入利润率
预计销售利润金额 ＝ 预计成本费用金额 × 成本费用利润率
预计销售利润金额 ＝ 预计资金总额 × 资金利润率
预计销售利润金额 ＝ 预计总产值 × 产值利润率

【案例 6-1】

广东海珠家具制造有限公司 2016 年实际和 2017 年预计的几项主要经济指标如图 6-1 所示。请采用比率预测法预计该公司 2017 年的销售利润。

本案例在 Excel 系统的操作如下：

第一步，在单元格 C10 输入公式"＝＄B＄7/B3"，并将鼠标指针放到该单元格右下角等待光标变成"十"字形向下拖拽至单元格 B13,得到 2016 年的各项利润率指标。

第二步,在单元格 C14 输入公式"＝C3 ＊ B10",并将鼠标指针放到该单元格右下角等待光标变成"十"字形向下拖拽至单元 C18,得到 2017 年按几个不同利润率指标预计的销售利润。

	A	B	C
1	已知条件（单位：万元）		
2		2016年实际	2017年预计
3	销售收入	600	660
4	成本费用	400	410
5	资金总额	3 000	3 100
6	总产值	620	700
7	销售利润	72	
8			
9	计算过程（单位：万元）		
10	销售收入利润率		12.00%
11	成本费用利润率		18.00%
12	资金利润率		2.40%
13	产值利润率		11.61%
14			
15	按销售收入利润率预计的销售利润		79.20
16	按成本费用利润率预计的销售利润		73.80
17	按资金利润率预计的销售利润		74.40
18	按产值利润率预计的销售利润		81.29
19	平均预计销售利润		77.17

图 6-1　比率预测法预测目标利润

第三步,在单元格 C19 输入公式"＝AVERAGE(C14：C17)",得到 2017 年预计销售利润的平均数。

从以上计算可得,该企业 2017 年预计的销售利润为 77.17 万元。

二、本量利分析预测法

本量利分析预测法即成本－产量（或销售量）－利润依存关系分析的简称,也称为本量利分析(cost-volume-profit analysis)(CVP 分析),它是指着重研究销售数量、价格、成本和利润之间的数量关系,预测未来一定时期目标利润的方法。其又称量本利分析(VCP 分析),是在变动成本计算模式的基础上,以数学化的会计模型与图文来揭示固定成本、变动成本、销售量、单价、销售额、利润等变量之间的内在规律性的联系,预测未来一定时期目标利润的方法。所谓目标利润,是指企业在未来一定时期内必须达到而且经过努力应该能够达到的利润水平,它是企业经营目标的重要组成部分。本量利分析预测法所提供的原理和方法在管理学与会计学中有着广泛的用途,同时它又是企业进行决策、计划和控制的重要工具。

（一）本量利分析预测法的基本假设和基本公式

1. 本量利分析预测法的基本假设

（1）假设能够将企业的所有成本都按照成本习性精确地划分为变动成本和固定成本。

（2）假设销售单价和销售结构在相关范围内保持不变。

（3）假设企业的生产能力和生产效率在相关范围内保持不变。

（4）假设企业当期的产销量基本平衡，存货水平保持不变。

2. 本量利分析预测法的基本公式

在企业的成本费用按性态进行分类的情况下，预测目标利润的计算公式为：

$$\begin{aligned}
目标利润 &= 销售收入 - 总成本 \\
&= 销售收入 - 销售成本 - 期间费用 \\
&= 边际贡献 - 固定成本 \\
&= 销售量 \times (销售单价 - 单位变动成本) - 固定成本
\end{aligned}$$

（二）本量利分析预测法中盈亏平衡点的计算与分析

在本量利分析预测法中，确定盈亏平衡点是非常重要的。盈亏平衡点通常用销售量表示，它是指利润等于零时候的销售量。只有销售量超过盈亏平衡点的销售量，企业才会有利润；否则，会发生亏损。如果实际的销售量在盈亏平衡点以上但很接近盈亏平衡点，那么企业的经营处于不安全的状态；因为市场稍有变化，就有可能使销售量降低到盈亏平衡点以下而发生亏损。

在产品销售成本中，假设销售成本是由与销售量呈比例的变动成本和预计销售量无关的固定成本组成的，令以上公式中的目标利润等于零，得出的销售量即是盈亏平衡点的销售量。那么盈亏平衡点就可以由以下公式进行计算：

$$盈亏平衡点 = 固定成本 \div (销售单价 - 单位变动成本)$$

 【案例 6-2】

广东海珠家具制造有限公司初期的经营范围是只生产一种家具产品，如果初期的该品种家具相关经营数据如下：单价为 200 元，单位变动成本为 130 元，固定成本为 700 000 元。请根据目前状况计算公司经营初期盈亏平衡点的销售量。

本案例在 Excel 系统的操作如下：

盈亏平衡点的计算过程很简单，只需在工作表上输入上述公式，即在单元格 B5 中输入公式"＝B2/（B3－B4）"，即可得到盈亏平衡点的销售量，如图 6-2 所示。

B5	▼	fx	=B2/(B3-B4)

	A	B
1	盈亏平衡点的计算	
2	固定成本（元）	70 000
3	单价（元/件）	200
4	变动成本（元/件）	130
5	盈亏平衡点	1 000

图 6-2　盈亏平衡点的计算

【案例6-3】

广东海珠家具制造有限公司初期的经营范围是只生产一种家具产品,该公司初期该品种家具相关经营数据如下:销量 10 000 件,单价为 100 元,单位变动成本为65 元,固定成本为 600 000 元。请根据目前状况计算该公司当前利润。如果该公司目标利润为70 000元,该公司可以采取哪些措施?

本案例在 Excel 系统的操作如下:

第一步,如图 6-3 所示,建立一个工作表,命名为"本量利分析目标利润预测模型",根据预测模型的内容输入该公司产品相关数据。

第二步,根据以上数据,在工作表相应的单元格中填入数据,如图 6-4所示。

	A	B	C
1	本量利分析目标利润预测模型		单位:元
2	项目	实际数值	预测数值
3	销售量(件)		
4	单价(元/件)		
5	变动成本(元/件)		
6	固定成本(元)		
7	目前利润		
8	目标利润(元)		

图 6-3 本量利分析目标利润预测模型

	A	B	C
1	本量利分析目标利润预测模型	（单位：元）	
2	项目	实际数值	预测数值
3	销售量（件）	10 000	
4	单价（元/件）	100	
5	变动成本（元/件）	65	
6	固定成本（元）	300 000	
7	目前利润	50 000	
8	目标利润（元）		

图 6-4 输入预测目标利润相关数据

第三步,根据题意,在单元格 C8 输入 70 000 元,然后根据本量利计算公式,在以下单元格输入公式:单元格 B7"＝B3＊B4－B3＊B5－B6",单元格 C3"＝(C8＋B6)/(B4－B5)";单元格 C4"＝(C8＋B6)/B3＋B5",单元格 C5"＝B4－(C8＋B6)/B3";单元格 C6"＝B3＊(B4－B5)－C8"。按【Enter】键确认后,各个单元格显示的计算结果如图 6-5 所示。

	A	B	C
1	本量利分析目标利润预测模型	（单位：元）	
2	项目	实际数值	预测数值
3	销售量（件）	10 000	10 571.429
4	单价（元/件）	100	102
5	变动成本（元/件）	65	63
6	固定成本（元）	300 000	280 000
7	目前利润	50 000	
8	目标利润（元）		70 000

图 6-5 计算各项目的预测值

第四步,对该模型得出的结果进行分析:当利润由目前的 50 000 元提高到70 000 元时,企业可采取的相应措施如下:

(1) 将销量由目前的 10 000 件提高到 10 572 件。

（2）将产品单价由目前的 100 元提高到 102 元。

（3）将单位变动成本由目前的 65 元降低到 63 元。

（4）将固定成本由目前的 300 000 元降低到 280 000 元。

该公司通过本量利目标利润预测模型，可以很方便地找出实现目标利润的努力方向，对其生产要素进行调整。而在实际生产经营活动中，企业会通过综合措施来实现目标利润，而不是仅仅依靠一种措施，因此需要进行综合分析和平衡。

任务 2 利润管理

利润管理主要是通过对影响利润的各个因素进行分析，从而使企业能够找到实现目标利润的努力方向。

【工作目标】 通过 Excel 工具建立利润的敏感性分析模型，进而完成利润的有效管理。

【工作基础】

敏感性分析作为一种定量分析方法，在利润管理中它主要研究当制约利润的有关因素发生某种变化时对利润所产生的影响，这对于利润预测分析，特别是对目标利润预测有着十分积极的指导意义。

在企业仅生产单一品种产品，且产销平衡的条件下，本量利之间的基本关系为：

$$利润 ＝ 销售量 \times（单价 － 单位变动成本）－ 固定成本$$

注 意

在进行利润敏感性分析时，假定条件如下：利润只受销售量、产品单价、单位变动成本和固定成本的影响。上述各因素的变动均不会影响其他因素的变动。

【案例 6-4】

广东海珠家具制造有限公司只生产一种家具产品，经营数据如下：单价为 200 元，单位变动成本为 100 元，固定成本为 10 000 元，销量为 2 000 件。请根据以上数据试对该公司产品进行敏感性分析。

本案例在 Excel 系统的操作如下：

第一步，建立一个工作表如图 6-6 所示，命名为"利润敏感性分析模型"，在该工作表中输入产品的基本信息和数据。

	A	B	C	D	E
1			利润敏感性分析模型		
2	项目	实际值	变化后	变化率（%）	控制条
3	销售量(件)	2 000			
4	单价（元）	200			
5	单位变动成本(元/件)	100			
6	固定成本（元）	10 000			
7	利润	190 000			

图 6-6　利润敏感性分析模型

第二步，如图 6-7 所示，如果菜单栏中没有"开发工具"选项卡，点击左上角"文件"→"选项"→"自定义功能区"→"主选项卡"→"开发工具"，然后点击"确定"按钮。

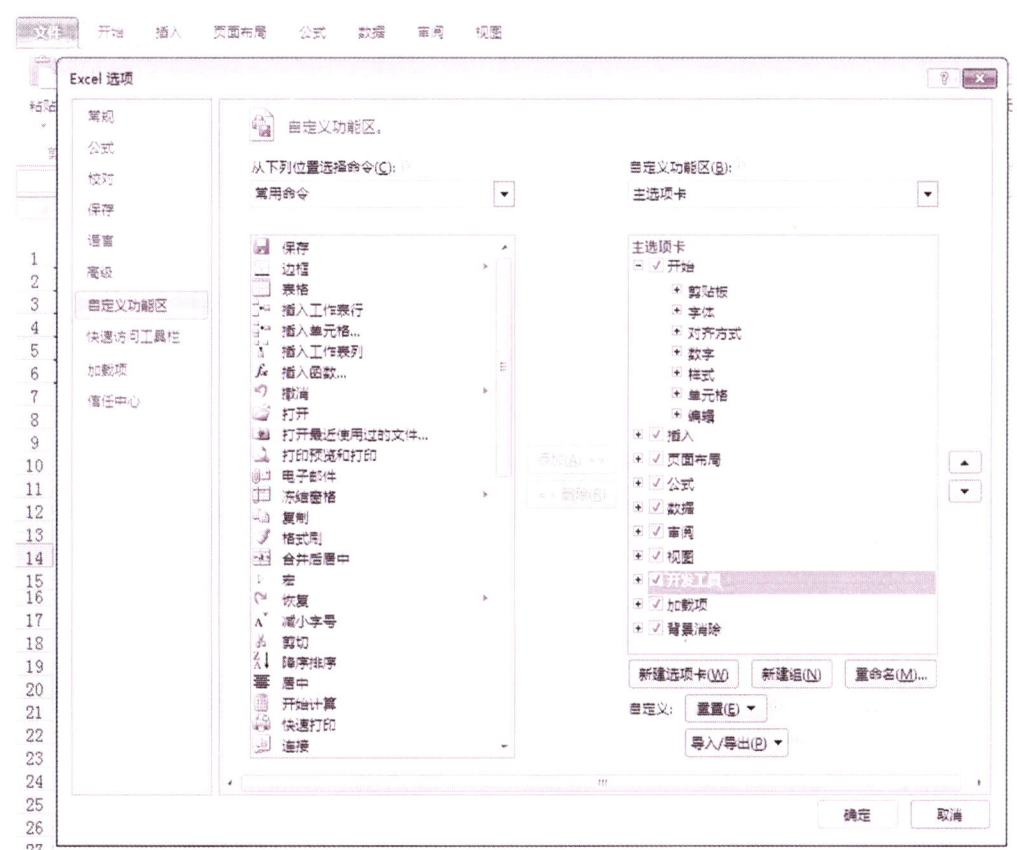

图 6-7　添加开发工具选项卡

第三步，在菜单栏中"开发工具"选项卡中单击"插入"选项组→"滚动条（窗体控件）"按钮，鼠标指针离开选项卡后，光标会变成"＋"字形，把光标移到

E3 单元格,单击并拖拽光标,会拖出一个滚动条形状的矩形框,调整适合的大小并松开光标,E3 单元格的滚动条就插入好了,右击滚动条→"设置控件格式"窗口,设置相关参数,点击"确定"按钮。用同样的方法设置 E4~E6 的滚动条,这样滚动条就设置好了,如图 6-8 和图 6-9 所示。

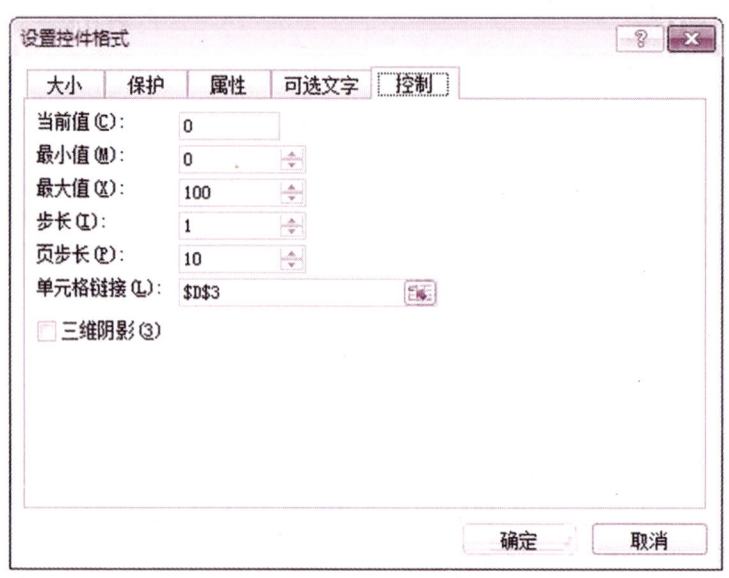

图 6-8 "滚动条"的设置

利润敏感性分析模型				
项目	实际值	变化后	变化率（%）	控制条
销售量(件)	2 000	2 000	0	◀ ▶
单价（元）	200	200	0	◀ ▶
单位变动成本(元/件)	100	100	0	◀ ▶
固定成本（元）	10 000	10 000	0	◀ ▶
利润	190 000	190 000	0	

图 6-9 因素未变动时的显示值

第四步,根据以上本量利模型,在以下单元格分别输入公式:单元格 B7"=(B4−B5)*B3−B6";单元格 C3"=B3*D3/100+B3";单元格 C4"=B4*D4/100+B4";单元格 C5"=B5*D5/100+B5";单元格 C6"=B6*D6/100+B6";单元格 C7"==(C4−C5)*C3−C6";单元格 D7"=(C7−B7)/B7"。按【Enter】键确认后,单元格显示出计算结果,如图 6-9 所示。

第五步,在同一工作表中编制"单因素利润敏感性模型",如图 6-10 所示。

单因素利润敏感性模型				
项目	变化率	利润	利润变化量	利润变化率
销售量（件）				
单价（元）				
单位变动成本(元/件)				
固定成本（元）				

图 6-10 "单因素利润敏感性模型"工作表

第六步,在"单因素利润敏感性模型"的以下单元格中分别输入公式:单元格 G3"=D3";单元格 G4"=D4";单元格 G5"=D5";单元格 G6"=D6";单元格 H3"=$C$7";单元格 H4"=$C$7";单元格 H5"=$C$7";单元格 H6"=$C$7";单元格 I3"=$C$7－$B$7";单元格 I4"=$C$7－$B$7";单元格 I5"=$C$7－$B$7";单元格 I6"=$C$7－$B$7";单元格 J3"=I3/$B$7";单元格 J4"=I4/$B$7";单元格 J5"=I5/$B$7";单元格 J6"=I6/$B$7"。按【Enter】键确认后,单元格显示的计算结果如图 6-11 所示。

单因素利润敏感性模型				
项目	变化率	利润	利润变化量	利润变化率
销售量（件）	0	190 000	0	0
单价（元）	0	190 000	0	0
单位变动成本(元/件)	0	190 000	0	0
固定成本（元）	0	190 000	0	0

图 6-11 因素变动为零时的显示值

第七步,进行利润敏感性分析,分别单独调节"销售量""单价""单位变动成本""固定成本"四个控制条,使每个因素的变动率为 10%(单击控制条中间一下,变化一个页步长 10。单击控制条两边则是增加或减少一个步长 1),则两表的数据变化如图 6-12 至图 6-15 所示。

利润敏感性分析模型					单因素利润敏感性模型				
项目	实际值	变化后	变化率（%）	控制条	项目	变化率	利润	利润变化量	利润变化率
销售量(件)	2 000	2 200	10	◄ ►	销售量（件）	10	210 000	20 000	0.10526316
单价（元）	200	200	0	◄ ►	单价（元）	0	210 000	20 000	0.10526316
单位变动成本(元/件)	100	100	0		变动成本(元/件)	0	210 000	20 000	0.10526316
固定成本（元）	10 000	10 000	0		固定成本（元）	0	210 000	20 000	0.10526316
利润	190 000	210 000	0.10526316						

图 6-12 单独调节"销售量"控制条产生的数据变化

	利润敏感性分析模型			控制条		单因素利润敏感性模型				
项目	实际值	变化后	变化率（%）			项目	变化率	利润	利润变化量	利润变化率
销售量(件)	2 000	2 000	0	◄	►	销售量(件)	0	230 000	40 000	0.21052632
单价（元）	200	220	10	◄	►	单价（元）	10	230 000	40 000	0.21052632
单位变动成本(元/件)	100	100	0	◄	►	变动成本(元/件)	0	230 000	40 000	0.21052632
固定成本（元）	10 000	10 000	0	◄	►	固定成本（元）	0	230 000	40 000	0.21052632
利润	190 000	230 000	0.21052632							

图 6-13　单独调节"单价"控制条产生的数据变化

	利润敏感性分析模型			控制条		单因素利润敏感性模型				
项目	实际值	变化后	变化率（%）			项目	变化率	利润	利润变化量	利润变化率
销售量(件)	2 000	2 000	0	◄	►	销售量(件)	0	170 000	−20 000	−0.1052632
单价（元）	200	200	0	◄	►	单价（元）	0	170 000	−20 000	−0.1052632
单位变动成本(元/件)	100	110	10	◄	►	变动成本(元/件)	10	170 000	−20 000	−0.1052632
固定成本（元）	10 000	10 000	0	◄	►	固定成本（元）	0	170 000	−20 000	−0.1052632
利润	190 000	170 000	−0.1052632							

图 6-14　单独调节"单位变动成本"控制条产生的数据变化

	利润敏感性分析模型			控制条		单因素利润敏感性模型				
项目	实际值	变化后	变化率（%）			项目	变化率	利润	利润变化量	利润变化率
销售量(件)	2 000	2 000	0	◄	►	销售量(件)	0	189 000	−1 000	−0.0052632
单价（元）	200	200	0	◄	►	单价（元）	0	189 000	−1 000	−0.0052632
单位变动成本(元/件)	100	100	0	◄	►	变动成本(元/件)	0	189 000	−1 000	−0.0052632
固定成本（元）	10 000	11 000	10	◄	►	固定成本（元）	10	189 000	−1 000	−0.0052632
利润	190 000	189 000	−0.0052632							

图 6-15　单独调节"固定成本"控制条产生的数据变化

这样，利润敏感性分析模型就建立起来了。单击各个影响因素滚动条的箭头，改变其变动幅度，就可以很方便地了解各个因素变动对利润的单独影响程度以及综合影响程度。由图 6-12 至图 6-15 可见，当销售量单独增加 10％时，利润增加 10.5％；当产品单价单独增加 10％时，利润增加 21.1％；当单位变动成本增加 10％时，利润减少 10.5％；当固定成本单独增加 10％时，利润减少 0.53％。因此，产品单价对利润的影响最大，敏感性最强；然后是单位变动成本和销售量，而固定成本对利润的影响最小。当上述四个因素同时增加 10％时，则利润的增加幅度为 21.58％，如图 6-16 所示。

	利润敏感性分析模型			控制条		单因素利润敏感性模型				
项目	实际值	变化后	变化率（%）			项目	变化率	利润	利润变化量	利润变化率
销售量(件)	2 000	2 200	10	◄	►	销售量(件)	10	231 000	41 000	0.21578947
单价（元）	200	220	10	◄	►	单价（元）	10	231 000	41 000	0.21578947
单位变动成本(元/件)	100	110	10	◄	►	变动成本(元/件)	10	231 000	41 000	0.21578947
固定成本（元）	10 000	11 000	10	◄	►	固定成本（元）	10	231 000	41 000	0.21578947
利润	190 000	231 000	21.578947							

图 6-16　同时调节四个控制条产生的数据变化

项目任务综合训练

【训练 6-1】 甲企业 2016 年实际和 2017 年预计的几项主要经济指标如图 6-17 所示。请采用比率预测法预计 2017 年的销售利润。

	A	B	C
1	已知条件（单位：万元）		
2		2016 年实际	2017 年预计
3	销售收入	800	850
4	成本费用	600	650
5	资金总额	3 000	3 500
6	总产值	850	900
7	销售利润	80	

图 6-17　甲企业 2016 年实际和 2017 年预计的几项主要经济指标

操作提示：相关计算公式如下：

预计销售利润率 ＝ 预计销售收入×销售收入利润率（按销售收入利润率）

预计销售利润率 ＝ 预计成本费用×成本费用利润率（按成本费用利润率）

预计销售利润率 ＝ 预计资金总额×资金利润率（按资金利润率）

预计销售利润率 ＝ 预计总产值×产值利润率（按产值利润率）

参照［案例 6-1］进行操作。

【训练 6-2】 乙企业生产一种产品 A，已知单价为 20 元，固定成本为 7 000 元，单位变动成本为 10 元，销售量为 10 000 件。

要求：

(1) 运用本量利分析模型计算该企业的利润。

(2) 当该企业的目标利润为 48 000 元时，试分析该产品的单价、固定成本、单位变动成本、销售量应如何变动。

(3) 运用敏感性分析的方法对该影响企业利润的因素进行敏感性分析。

操作提示：具体可参照［案例 6-2］和本项目［案例 6-3］进行分析。

Excel 在财务分析中的应用

【项目描述】

如果你想对某个企业的财务状况和经营成果进行评价和剖析,你首先要看这个企业的资产负债表、利润表和现金流量表,同时还要借助于财务分析的方法对企业的偿债能力分析、运营能力分析、获利能力分析和发展能力分析进行分析和评价。本项目通过讨论《企业会计准则》中财务报表的列示,为大家介绍财务分析中的财务指标分析与综合分析,以及相应的上机操作方法。

【能力目标】

◆ 能熟练掌握偿债能力各项财务分析指标的 Excel 操作。
◆ 能熟练掌握营运能力各项财务分析指标的 Excel 操作。
◆ 能熟练掌握获利能力各项财务分析指标的 Excel 操作。
◆ 能熟练掌握财务综合分析的 Excel 具体运用。

【典型任务】

结合利润管理的基本理论及其在 Excel 中应用操作技能的训练,熟练掌握财务指标分析和财务综合分析在 Excel 管理实践中的应用。

财务分析案例

任务 1　财务分析的步骤

财务分析是根据企业财务报表等信息资料,采用专门的方法,系统分析和评价企业财务状况、经营成果和未来发展趋势的过程。

财务分析以企业财务报表及其他相关资料为主要依据,对企业的财务状况和经营成果进行评价和剖析,反映企业在运营过程中的利弊得失和发展趋势,从而为改进企业财务管理工作和优化经济决策提供重要的财务信息。

按最新的《企业会计准则第 30 号——财务报表列报》的规定,财务报表至少应当包括下列组成部分:①资产负债表。②利润表。③现金流量表。④所有者权益变动表。⑤附注。

【工作目标】　熟练掌握财务报表的构成和财务分析的基本步骤和要求。

【工作基础】

一、财务分析的方法和步骤精要

下面结合各会计科目说明财务分析的方法和步骤精要。

1. 应收账款

(1) 比较本年的应收款项余额与上年年末的期末余额,是否有重大的波动。

(2) 比较本年与上一年的应收账款周转率,分析是否存在较大幅度的变动。如果在结算方式和信用政策没有发生较大的变动,该指标亦无重大变动。

(3) 比较本年应收账款的增减与销售收入的增长比例。

(4) 分析期末应收账款的账龄以及账龄变动,是否存在不良资产和账龄变动的合理性。

(5) 分析期末结存金额较大的应收账款明细账户,是否存在经营上无关的往来单位以及和报表单位存在密切关系的单位。

(6) 分析本年各月间应收账款的增减变动,结合收入的形成以及货币资金的流入进行分析,关注差异的形成原因,是否存在债务重组的发生。

(7) 分析应收账款的余额与收入之间的对应关系,比较本年与上年以及本年各月之间的变化。

(8) 分析坏账准备与营业收入、应收账款的比率。

(9) 分析坏账损失与营业收入、应收账款的比率。

(10) 分析各明细账户的期后收款情况。

(11) 分析主要客户并与销售收入进行比较,比较本年与上年主要客户发生的重大变化。

2. 应收票据

(1) 结合收入的结算方式,分析期末应收票据结存的合理性,直接收款、应收账款、预收账款以及应收票据和收入之间的对应关系。

（2）比较应收票据的实际收款期与票面收款期。

3．其他应收款

（1）了解其他应收款各明细账户的性质，分析期末结存金额的款项性质。

（2）按款项性质统计期末结存金额并与上年数进行比较，关注异常变动。

（3）重点关注关联方、主要领导者、期末结存金额较大和款项性质异常的明细账户。

（4）关注资金往来和提供借款的单位，检查有无违规占用资金和未计算相应资金利息收入的情况。

（5）分析与关联方之间年度内发生额很大但期末结存金额很小的情况以及11月月末结存金额很大但年末结存金额很小或已结平的明细账户。

4．预付账款

（1）结合本年物资采购额和资金结算方式、货物的市场供应状况，分析期末是否存在预付款行为。

（2）比较本年与上年预付账款余额有无重大变化。

5．待摊费用

（1）逐项了解待摊费用期末余额的构成及合理性。

（2）测算待摊费用的摊销是否正确，分类是否正确。

（3）比较本年与上年余额的重大变动，应为新增未摊销项目的余额。

6．长期投资

（1）比较本年与上年投资的增减变动和分类的变动。

（2）按照附注的披露要求检查投资的合理性，投资的增减变动和收益处理的正确性。

（3）关注有无长期未收回利润的投资项目和不正常投资（如收益极少但还持续增资和通过往来款发生非正常资金往来的项目）。

（4）结合行业发展以及被投资单位的财务状况和经营成果，分析投资收益的合理性和投资价值的合理计价。

7．固定资产

（1）比较本年的固定资产原价和上年数是否发生了重大变化，生产能力是否发生了重大变化。

（2）本年主要生产用设备的产能与本年新增产量之间的对应关系。

（3）本年增加设备与预算之间的吻合程度。

（4）本年新增大型设备与在建工程结转数之间的对应关系。

（5）本年新增设备与主要耗材、动力、修理费、保险费之间的对应关系。

（6）本年和上年销售收入、生产成本与固定资产原价的比率是否发生重大变动。

（7）本年减少的固定资产与固定资产清理之间的对应关系。

（8）累计折旧占固定资产原价、本期折旧占固定资产原价的比率与上年间的变动。

（9）固定资产各月间的增减与累计折旧的计提之间的对应关系。

（10）各月间累计折旧的计提与制造费用、销售费用、管理费用之间的关系。

8. 在建工程

（1）比较本年在建工程的余额与上年数的变动。

（2）分析上年未完工程本年完成情况，并与固定资产增加结合比较。

（3）分析本年新增工程项目的建设情况，与固定资产投资的预算进行比较，对已完工项目应结合固定资产分析。

（4）分析本年增加工程项目的支出是否异常（与预算及批准的投资计划比较），资本化利息是否符合要求，结合借款项目分析。

（5）关注工程物资的类别与存货是否有明显的界线划分，期末预付款是否存在异常。

（6）在建工程期末余额、完成进度和工程预算是否存在对应关系。

9. 长期待摊费用

（1）比较本年与上年的增长变动，一般应呈减少趋势。

（2）分析本年摊销数、上年摊销数和"原始金额÷摊销年限×本年摊销期"之间的关系。

（3）分析项目是否符合资产的定义，《企业会计制度》对长期待摊费用的规定。

10. 其他资产

（1）分析项目构成是否符合定义。

（2）结合或有负债、借款等的审计分析是否有遗漏的资产未填报。

11. 借款

（1）比较本年借款与上年借款余额的增长。

（2）计算借款占权益的比例，借款占流动资产的比例（1 年内到期的部分）、借款占总资产的比例，分析企业是否存在持续经营的怀疑。

（3）计算借款的平均余额，分析借款费用的合理性。

（4）比较本年新增借款与上年数的变化。

（5）分析本年增加的长期借款与在建工程之间的对应关系。

12. 应付票据

（1）比较本年与上年数额的增减变动。

（2）结合本年物资采购、结算方式，分析期末结存的合理性。

（3）结合银行存款中的票据保证金的期末结存数，分析银行承兑汇票的合理性。

13. 应付账款

（1）比较本年与上年数额的增减变动。

（2）计算存货、销售成本与应付账款之间的比率关系，比较本年与上年数额间的差异。

（3）结合现金流量，分析实际支付现金、结存余额和非现金资产抵债等其他方式结算应付款的现象有无披露。

（4）比较各月之间应付账款的余额变动，并和当月采购量进行核对，计算支付比例，注意有无重大变动。

（5）应付账款的增加、预付账款的减少及存货采购的增加应大致相同。

（6）结合预付账款分析期末结存的前 10 名、全年发生额的前 10 名、比较本年与上年在采购方面有无重大的变动。

（7）结合收入确认及销售结算，分析有无对销对购。

（8）分析本年暂估及期后支付，期后入账的应付账款。

（9）分析应付账款的账龄情况，注意长期挂账的应付账款。

14. 预收账款

（1）比较本年与上年数额的增长变动。

（2）比较主要客户的期末余额与上年间的重大变动。

（3）结合收入的增减变动，核对应收账款和预收账款之间数额的变动。

（4）分析各月间的变动，重点分析期末前两月的增减变化。

（5）分析预收账款与期末在产品之间的对应关系。首先应将成本转化为产值，其次确定预收比率，判定其合理性。

15. 应付工资与福利费

（1）比较本年与上年年末余额及发生额的增减变动。

（2）分析各月之间的工资费用的增减变动。

（3）分析工资费用与成本、制造、管理、销售费用之间的钩稽关系。

（4）取得平均人数和平均工资水平，估算全年工资费用的合理性。

（5）测算单位产品包含的人工与上年有无重大变动。

（6）比较制造费用和管理费用中的工资与上年有无重大变动，分析变动的原因是否为人数变动、工资率增长或是绩效考核导致的。

（7）测算福利费、职教、工会和社会保险费计提的合理性。

（8）了解期后支付工资的情况，有无未入账的工资费用。

16. 应交税费

（1）分析本年应交税费的增加额与收入之间的对应关系。

（2）分析期末结存未交税金与期末收入之间的对应关系。

（3）结合收入测算税金计提的正确性。

（4）分析原材料发出及库存转出与进项转出和销项之间的对应关系。

17. 其他应付款

（1）比较本年与上年之间有无重大变动。

（2）了解余额构成以及本期发生额的款项性质，有无重大异常。

（3）比较各主要明细账户的余额变化，关注关联方之间发生的款项性质以及融资性质的款项。

（4）分析其他应付款的账龄变化，注意长期挂账的其他应付款项。

18．预提费用

（1）分析本年与上年之间有无重大变动。

（2）了解预提费用的项目构成。

（3）结合财务费用、借款，分析期末结存的合理性。

（4）分析预提费用的期初数、本期增减变动以及期末数，注意有无长期结转的费用。

19．所有者权益

（1）股本一般在不涉及资本变动的情况下，应无变动。

（2）资本公积应逐项分析，注意拨款转入以及其他资本公积形成的合理性。

（3）结合关联交易的审查，分析关联交易差价的合理性。

（4）结合股权投资，分析股权投资准备形成的合理性。

（5）注意资本公积转增资本应符合法律的要求。

（6）法定盈余公积的比例。

（7）未分配利润与期初审定数的衔接。

20．收入

（1）比较本年与上年收入总额的变动，结合产量、销售的宏观形式分析其合理性。

（2）比较本年各月之间收入的变动情况，比较本年与上年各月之间收入的变动情况，注意季节性变化、行业总体形式以及当年发生的特殊事项对收入产生的影响。

（3）按类别、地区比较收入的变动，比较收入的总体构成与上年的变化，比较各品种的销售状况与收入构成的对应关系。

（4）分类汇总销售的主要客户，比较本年与上年的重大变动。

（5）结合存货的各月产量，发出数量，结存数量以及销售的入账数量进行分析。

（6）计算各品种的毛利率，比较本年与上年的重大变化。

（7）列示各主要产品各月间的加权销售单价，以及选择主要客户计算其销售单价，关注计价的合理性。

（8）结合各月应收账款、预收账款的发生额与余额分析收入的合理性。

21．成本

（1）比较本年的成本与上年的增减变动，结合收入的变动趋势进行分析。

（2）计算主要产品的毛利率进行比较，在产量没有发生重大变动的情况下，该指标应该具有一定的稳定性。

（3）结合生产成本的审计，分析主营业务成本的合理性。

22．费用

（1）比较本年与上年的费用变化。

（2）计算费用的构成比重，与上年进行比较，比较增减变动率和增减变动额。

（3）比较各费用项目本年各月之间的变动有无异常。

（4）区分变动成本与固定成本，逐项比较，固定成本应具有一定的稳定性，变动成本应与产量的变动呈比例关系。

23．存货与生产成本

（1）比较本年存货各类别的构成与上年是否存在重大变化。

（2）比较本年存货采购与上年存货采购的变动（指增加额），并结合产量，销量进行分析。

（3）比较本年与上年存放地点、产品、区域的采购额。

（4）比较存货的主要采购项目的采购数量，采购单价，注意比较采购价差。

（5）比较主要供应商的改变以及由此导致的财务影响。

（6）结合物资采购分析原材料入库的合理性，注意入库数量及入库价格的正确性。

（7）计算原材料的发出，编制发出汇总与生产成本耗用进行比较。

（8）计算单位产品的成本构成，与上年比较有无重大变化。

（9）计算单位产品的单耗，与上年进行比较。

（10）计算单位产品耗材的价格差异，分析成本变动的合理性。

（11）与独立部门料、工、费的用量记录进行核对。

（12）比较新增产能与产量增加之间的对应关系。

（13）成本项目与相关项目之间的交叉钩稽核对。

（14）比较各月之间成本项目的变动，注意重大的增减幅度。

（15）完工数量与产成品的入库数量应相互核对，产成品的发出数量应与销售进行核对。

任务 2　财务指标分析

财务分析的主体不同，对企业财务分析的要求及侧重点也不同，一般主要包括偿债能力、营运能力和获利能力等。

【工作目标】　熟练应用 Excel 建立模型，进行偿债能力、营运能力和获利能力的财务分析。

【工作基础】

一、偿债能力指标

偿债能力是指企业偿还到期债务（包括本息）的能力。具体来说，是指当企业的各类债务到期时，有无足够的资产及现金流入量作为偿付全部债务的保障,它是衡量企业财务实力和财务状况的一项重要标准。企业只具有较强的偿债能力时,才能保证按时清偿债务和承付货款,从而保证企业生产的持续或发展的扩大,使其获得较高的经济利益和良好的资信度。如果企业的偿债能力较弱,难以筹措现金偿还到期债务,企业只能廉价变卖资产抵债,使其持续经营受到严重影响,甚至危及企业的生存。企业偿债能力的指标分析,按债务偿还期限的长短,包括短期偿债能力指标和长期偿债能力指标。

(一)短期偿债能力指标

短期偿债能力是指企业流动资产对流动负债及时足额偿还的保证程度,是衡量企业当期财务能力(尤其是流动资产变现能力)的重要标志。

企业短期偿债能力的衡量指标主要有流动比率、速动比率和现金流动负债比率 3 项。

1. 流动比率

流动比率是流动资产与流动负债的比率。它表明企业每 1 元流动负债有多少流动资产作为偿还保证,反映企业可用在短期内转变为现金的流动资产偿还到期流动负债的能力。其计算公式为:

$$流动比率=\frac{流动资产}{流动负债}\times100\%$$

在一般情况下,流动比率越高,说明企业短期偿债能力越强。国际上通常认为,流动比率的下限为 100%,而流动比率等于 200% 时较为适当。流动比率过低,表明企业可能难以按期偿还债务;流动比率过高,表明企业流动资产占用较多,会影响资金的使用效率和企业的筹资成本,进而影响获利能力。

> **说 明**
>
> 各行业的经营性质不同,营业周期也不一样,对资产流动性的要求也不尽相同。一般来说,经营周期长的行业,正常的流动比率要高些;而经营周期较短的行业,其流动比率则会低些。

2. 速动比率

速动比率是企业速动资产与流动负债的比率。其中,速动资产是指流动资产减去变现能力较差且不稳定的存货、预付账款、待摊费用等后的余额。其计算公式为:

$$速动比率=\frac{速动资产}{流动负债}\times100\%$$

在一般情况下,速动比率越高,说明企业偿还流动负债的能力越强。国际上通常认为,速动比率等于 100% 时较为适当。速动比率小于 100%,表明企业面临很大的偿债风险;速动比率大于 100%,表明企业会因现金及应收账款占用过多而增加企业的机会成本。

3. 现金流动负债比率

现金流动负债比率是企业一定时期的经营现金净流量同流动负债的比率。它可以从现金流量角度来反映企业当期偿付短期负债的能力。其计算公式为：

$$现金流动负债比率=\frac{年经营现金净流量}{年末流动负债}\times100\%$$

现金流动负债比率越大，表明企业经营活动产生的现金净流量越多，越能保障企业按期偿还到期债务。但是，该指标也不是越大越好，指标过大表明企业流动资金利用不充分，获利能力不强。

（二）长期偿债能力指标

长期偿债能力是指企业偿还长期负债的能力。企业长期偿债能力的衡量指标主要有资产负债率、产权比率、或有负债比率、已获利息倍数和带息负债比率5项。

1. 资产负债率

资产负债率又称负债比率，是指企业负债总额对资产总额的比率。它反映企业资产对债权人权益的保障程度。其计算公式为：

$$资产负债率（又称负债比率）=\frac{负债总额}{资产总额}\times100\%$$

在一般情况下，资产负债率越小，说明企业长期偿债能力越强。保守的观点认为，资产负债率不应高于50%，而国际上通常认为资产负债率等于60%时较为适当。从债权人来说，该指标越小越好，这样企业偿债越有保证。从企业所有者来说，该指标过小表明企业对财务杠杆利用不够。企业的经营决策者应当将偿债能力指标与获利能力指标结合起来分析。

2. 产权比率

产权比率也称资本负债率，是指企业负债总额与所有者权益总额的比率。它反映企业所有者权益对债权人权益的保障程度。其计算公式为：

$$产权比率=\frac{负债总额}{所有者权益总额}\times100\%$$

在一般情况下，产权比率越低，说明企业长期偿债能力越强。

注　意

产权比率与资产负债率对评价偿债能力的作用的主要区别在于：资产负债率侧重于分析债务偿付安全性的物质保障程度；产权比率则侧重于揭示财务结构的稳健程度以及自有资金对偿债风险的承受能力。

3. 或有负债比率

或有负债比率是指企业或有负债总额对所有者权益总额的比率。它反映企业所有者权益应对可能发生的或有负债的保障程度。其计算公式为：

$$或有负债比率＝\frac{或有负债总额}{所有者权益总额}\times 100\%$$

其中：或有负债总额＝已贴现商业承兑汇票金额＋对外担保金额＋未决诉讼、未决仲裁金额

（除贴现与担保引起的诉讼或仲裁）＋其他或有负债金额

4. 已获利息倍数

已获利息倍数是指企业一定时期息税前利润与利息支出的比率。它反映获利能力对债务偿付的保障程度。其中，息税前利润总额指利润总额与利息支出的合计数，利息支出指实际支出的借款利息、债券利息等。其计算公式为：

$$已获利息倍数＝\frac{息税前利润总额}{利息支出}$$

其中：息税前利润总额＝利润总额＋利息支出

在一般情况下，已获利息倍数越高，说明企业长期偿债能力越强。国际上通常认为，该指标为 3 时较为适当，从长期来看至少应大于 1。

5. 带息负债比率

带息负债比率是指企业某一时点的带息负债总额与负债总额的比率。它反映企业负债中带息负债的比重，在一定程度上体现了企业未来的偿债（尤其是偿还利息）压力。其计算公式为：

$$带息负债总额＝\frac{带息负债总额}{负债总额}\times 100\%$$

其中：带息负债总额＝短期借款＋1 年内到期的长期负债＋长期借款＋应付债券

＋应付利息

二、营运能力指标

营运能力是指企业对资产利用效率的能力。它是衡量企业各项经济资源利用效率的重要指标。如果企业具有较强的营运能力，资产的变现能力就较强，就能较好地利用企业的各项经济资源创造社会财富，使其获取较高的经济效益并增强偿债能力；如果企业的营运能力弱，就会造成企业资产的沉淀，无法为企业带来相应的经济利益流入，企业的盈利能力及偿债能力都会受到极大的影响，制约企业的发展。

生产资料运营能力可以从流动资产周转情况、固定资产周转情况、总资产周转情况等主要方面进行分析。

(一) 流动资产周转情况

反映流动资产周转情况的指标主要有应收账款周转率、存货周转率和流动资产周转率。

1. 应收账款周转率

它是指企业一定时期营业收入（或销售收入，本章下同）与平均应收账款余额的比率。它反映企业应收账款变现速度的快慢和管理效率的高低。其计

算公式为：

$$应收账款周转率（周转次数）=\frac{营业收入}{平均应收账款余额}$$

其中： $$平均应收账款余额=\left(\begin{array}{c}应收账款余\\额年初数\end{array}+\begin{array}{c}应收账款余\\额年末数\end{array}\right)\div2$$

$$应收账款周转期（周转天数）=\frac{平均应收账款余额\times360}{营业收入}$$

在一般情况下，应收账款周转率越高越好。应收账款周转率高，表明收账迅速，账龄较短，资产流动性强，短期偿债能力强，可以减少坏账损失等。

2. 存货周转率

它是指企业一定时期营业成本（或销售成本，本项目下同）与平均存货余额的比率。它反映企业生产经营各环节的管理状况以及企业的偿债能力和获利能力。其计算公式为：

$$存货周转率（周转次数）=\frac{营业成本}{平均存货余额}$$

其中： $$平均存货余额=（存货余额年初数+存货余额年末数）\div2$$

$$存货周转期（周转天数）=\frac{平均存货余额\times360}{营业成本}$$

在一般情况下，存货周转率越高越好。存货周转率高，表明存货变现的速度快，周转额较大，表明资金占用水平较低。

3. 流动资产周转率

流动资产周转率是指企业一定时期营业收入与平均流动资产总额的比率。其计算公式为：

$$流动资产周转率（周转次数）=\frac{营业收入}{平均流动资产总额}$$

其中： $$平均流动资产总额=（流动资产总额年初数+流动资产总额年末数）\div2$$

$$流动资产周转期（周转天数）=\frac{平均流动资产总额\times360}{营业收入}$$

在一般情况下，流动资产周转率越高越好。流动资产周转率高，表明以相同的流动资产完成的周转额较多，流动资产利用效果较好。

（二）固定资产周转情况

反映固定资产周转情况的主要指标是固定资产周转率。它是企业一定时期营业收入与平均固定资产净值的比值。其计算公式为：

$$固定资产周转率（周转次数）=\frac{营业收入}{平均固定资产净值}$$

其中： $$平均固定资产净值=（固定资产净值年初数+固定资产净值年末数）\div2$$

$$固定资产周转期（周转天数）=\frac{平均固定资产净值\times360}{营业收入}$$

在一般情况下,总资产周转率越高越好。总资产周转率高,表明企业全部资产的使用效率较高。

(三) 总资产周转情况

反映总资产周转情况的主要指标是总资产周转率。它是企业一定时期营业收入与平均资产总额的比值。其计算公式为:

$$总资产周转率(周转次数) = \frac{营业收入}{平均资产总额}$$

其中:

$$平均资产总额 = (资产总额年初数 + 资产总额年末数) \div 2$$

$$总资产周转期(周转天数) = \frac{平均资产总额 \times 360}{营业收入}$$

在一般情况下,总资产周转率越高越好。总资产周转率高,表明企业全部资产的使用效率较高。

三、获利能力指标

盈利能力是指企业获取经营利润的能力。它是企业偿债的主要来源,也是反映企业管理者经营效益的一项重要标志。企业具有较强的盈利能力,就能为企业带来较多的经济利益流入,企业投资者的投资回报及债权人的本息收回才有保障,企业才能保持良好的发展态势;如果企业的盈利能力弱,企业的经营无法带来相应的经济利益的流入,到期的债务难以偿还,投资者难以得到投资回报,还会直接影响企业的生存和发展。获利能力指标主要包括营业利润率、成本费用利润率、盈余现金保障倍数、总资产报酬率、净资产收益率和资本收益率六项。在实务中,上市公司还经常采用每股收益、每股股利、市盈率、每股净资产等指标评价其获利能力。

1. 营业利润率

营业利润率是企业一定时期营业利润与营业收入的比率。其计算公式为:

$$营业利润率 = \frac{营业利润}{营业收入} \times 100\%$$

营业利润率越高,表明企业市场竞争力越强,发展潜力越大,盈利能力越强。

在实务中,也经常使用销售毛利率、销售净利率等指标来分析企业经营业务的获利水平。其计算公式分别为:

$$销售毛利率 = \frac{销售收入 - 销售成本}{销售收入} \times 100\%$$

$$销售净利率 = \frac{净利润}{销售收入} \times 100\%$$

2. 成本费用利润率

成本费用利润率是企业一定时期利润总额与成本费用总额的比率。其计算公式为:

$$成本费用利润率 = \frac{利润总额}{成本费用总额} \times 100\%$$

其中：

$$成本费用总额 = 营业成本 + 税金及附加 + 销售费用 + 管理费用 + 财务费用$$

成本费用利润率越高，表明企业为取得利润而付出的代价越小，成本费用控制得越好，盈利能力越强。

3. 盈余现金保障倍数

盈余现金保障倍数是企业一定时期经营现金净流量与净利润的比值。它反映企业当期净利润中现金收益的保障程度和企业盈余的质量。其计算公式为：

$$盈余现金保障倍数 = \frac{经营现金净流量}{净利润}$$

一般来说，当企业当期净利润大于 0 时，盈余现金保障倍数应当大于 1。该指标越大，表明企业经营活动产生的净利润对现金的贡献越大。

4. 总资产报酬率

总资产报酬率是企业一定时期内获得的报酬总额与平均资产总额的比率。它可反映企业资产的综合利用效果。其计算公式为：

$$总资产报酬率 = \frac{息税前利润总额}{平均资产总额} \times 100\%$$

其中：

$$息税前利润总额 = 利润总额 + 利息支出$$

在一般情况下，总资产报酬率越高，表明企业的资产利用效益越好，整个企业盈利能力越强。

5. 净资产收益率

净资产收益率是企业一定时期净利润与平均净资产的比率。它可反映企业自有资金的投资收益水平。其计算公式为：

$$净资产收益率 = \frac{净利润}{平均资产} \times 100\%$$

其中：

$$平均净资产 = (所有者权益年初数 + 所有者权益年末数) \div 2$$

一般认为，净资产收益率越高，企业自有资本获取收益的能力越强，运营效益越好，对企业投资人、债权人利益的保证程度越高。

6. 资本收益率

资本收益率是企业一定时期净利润与平均资本（即资本性投入及其资本溢价）的比率。它可反映企业实际获得投资额的回报水平。其计算公式为：

$$资本收益率 = \frac{净利润}{平均资本} \times 100\%$$

其中：

$$平均资本 = \left(实收资本年初数 + 资本公积 + 实收资本年末数 + 资本公积年末数\right) \div 2$$

注：上述资本公积仅指资本溢价（或股本溢价）。

7. 每股收益

每股收益也称每股利润或每股盈余,是反映企业普通股股东持有每一股份所能享有企业利润或承担企业亏损的业绩评价指标。每股收益的计算包括基本每股收益和稀释每股收益。基本每股收益的计算公式为:

$$基本每股收益 = \frac{归属于普通股东的当期净利润}{当期发行在外普通股的加权平均数}$$

其中:
$$当期发行在外普通股的加权平均数 = 期初发行在外普通股股数 + 当期新发行普通股股数 \times 已发行时间 \div 报告期时间$$
$$- 当期回购普通股股数 \times 已回购时间 \div 报告期时间$$

注:已发行时间、报告期时间和已回购时间一般按天数计算,在不影响计算结果的前提下,也可以按月份简化计算。

每股收益越高,表明公司的获利能力越强。

8. 每股股利

每股股利是上市公司本年发放的普通股现金股利总额与年末普通股总数的比值。它可反映上市公司当期利润的积累和分配情况。其计算公式为:

$$每股股利 = \frac{普通股现金股利总额}{年末普通股总数}$$

9. 市盈率

市盈率是上市公司普通股每股市价相当于每股收益的倍数。它可反映投资者对上市公司每股净利润愿意支付的价格,可以用来估计股票的投资报酬和风险。其计算公式为:

$$市盈率 = \frac{普通股每股市价}{普通股每股收益}$$

一般来说,市盈率高,说明投资者对该公司的发展前景看好,愿意用较高的价格购买该公司股票。但是,市盈率过高,也意味着具有较高的投资风险。

10. 每股净资产

每股净资产是上市公司年末净资产(即股东权益)与年末普通股总数的比值。其计算公式为:

$$每股净资产 = \frac{年末股东权益}{年末普通股总数}$$

【案例 7-1】

广东海珠家具制造有限公司 2016 年年末的资产负债表如图 7-1 所示。利润表如图 7-2 所示,试计算广东海珠家具制造有限公司各项财务指标。

本案例在 Excel 系统的操作如下:

第一步,新建标题为"比率分析表"的工作表,在相应的单元格中(如图 7-3 所示)输入相关财务指标名称。

资 产 负 债 表

会企 01 表
单位：千元

2016年　12月　31日

资　　产	年末余额	年初余额	负债和所有者权益	年末余额	年初余额
流动资产：			流动负债：		
货币资金	260.00	135.00	短期借款	310.00	235.00
交易性金融资产	40.00	70.00	交易性金融负债	–	–
应收票据	50.00	65.00	应付票据	35.00	30.00
应收账款	2 000.00	1 005.00	应付账款	510.00	555.00
预付账款	70.00	30.00	预收账款	60.00	30.00
应收利息			应付职工薪酬	90.00	105.00
应收股利	–		应交税费	55.00	70.00
其他应收款	120.00	120.00	应付利息	55.00	35.00
存货	605.00	1 640.00	应付股利	–	
一年内到期的非流动资产	235.00	–	其他应付款	240.00	145.00
其他流动资产	210.00	65.00	一年内到期的非流动负债	260.00	–
流动资产合计	3 590.00	3 130.00	其他流动负债	25.00	35.00
非流动资产：			流动负债合计	1 640.00	1 240.00
可供出售金融资产	–		非流动负债：		
持有至到期投资	–		长期借款	2 260.00	1 235.00
长期应收款	–		应付债券	1 210.00	1 310.00
长期股权投资	160.00	235.00	长期应付款	–	
投资性房地产	–		专项应付款	–	
固定资产	6 190.00	4 775.00	预计负债	–	
在建工程	100.00	185.00	递延所得税负债	–	
工程物资	–		其他非流动负债	360.00	385.00
固定资产清理	–	70.00	非流动负债合计	3 830.00	2 930.00
生产性生物资产	–		负债合计	5 470.00	4 170.00
油气资产	–		所有者权益：		
无形资产	100.00	120.00	实收资本（或股本）	3 000.00	3 000.00
开发支出	–	–	资本公积	90.00	60.00
商誉	–		减：库存股	–	–
长期待摊费用	–		盈余公积	380.00	210.00
递延所得税资产	35.00	85.00	未分配利润	1 260.00	1 160.00
其他非流动资产	25.00	–	所有者权益合计	4 730.00	4 430.00
非流动资产合计	6 610.00	5 470.00			
资产总计	10 200.00	8 600.00	负债和所有者权益总计	10 200.00	8 600.00

图 7-1　广东海珠家具制造有限公司 2016 年年末的资产负债表

利 润 表

会企 02表

2016 年

单位：千元

项 目	本 年 金 额	上 年 金 额	本年比率	上年比率	变 动
一、营业收入	15 010.00	14 260.00	100.00%	100.00%	5.26%
减：营业成本	13 230.00	12 525.00	88.14%	87.83%	0.31%
税金及附加	150.00	150.00	1.00%	1.05%	-0.05%
销售费用	120.00	110.00	0.80%	0.77%	0.03%
管理费用	240.00	210.00	1.60%	1.47%	0.13%
财务费用	560.00	490.00	3.73%	3.44%	0.29%
资产减值损失	-	-	0.00	0.00	0.00
加：公允价值变动净收益（损失以"－"号填列）	110.00	190.00	-0.73%	-1.33%	0.60%
投资收益（损失以"－"号填列）	210.00	130.00	-1.40%	-0.91%	-0.49%
其中：对联营企业和合营企业的投资收益	-	-	0.00%	0.00%	0.00%
二、营业利润（亏损以"－"号填列）	1 030.00	1 095.00	6.86%	7.68%	-0.82%
加：营业外收入	60.00	95.00	-0.40%	-0.67%	0.27%
减：营业外支出	110.00	35.00	0.73%	0.25%	0.49%
其中：非流动资产处置损失	-	-	0.00	0.00	0.00
三、利润总额（亏损总额以"－"号填列）	980.00	1,155.00	6.53%	8.10%	-1.57%
减：所得税费用	330.00	385.00	2.20%	2.70%	-0.50%
四、净利润（净亏损以"－"号填列）	650.00	770.00	4.33%	5.40%	-1.07%

图 7-2　广东海珠家具制造有限公司 2016 年利润表

第二步，偿债能力分析：在 C6 单元格中输入"＝资产负债表！B17/资产负债表！E18"，得出流动比率；在 C7 单元格中输入"＝（资产负债表！B17－资产负债表！B14－资产负债表！B15－资产负债表！B16）/资产负债表！E18"，得出速动比率；在 C11 单元格中输入"＝（资产负债表！E28/资产负债表！B37）＊100％"，得出资产负债率；在单元格 C12 中输入"＝资产负债表！E28/资产负债表！E35"，得出产权比例；在单元格 C15 中输入"＝（利润表！B22＋利润表！B11＋利润表！B21）/利润表！B11"，得出利息保障倍数。

第三步，营运能力分析：在单元格 C20 中输入"＝利润表！B6/资产负债表！B14"，得出存货周转率；在单元格 C19 中输入"＝利润表！B6/资产负债表！B9"，得出应收账款周转率；在单元格 C21 中输入"＝利润表！B6/资产负债表！B17"，得出流动资产周转率；在单元格 C24 中输入"＝利润表！B6/资产负债表！B37"，得出总资产周转率。

第四步,盈利能力分析:在单元格 C27 中输入"＝利润表！B6/资产负债表！B37",得出销售净利率;在单元格 C28 中输入"＝利润表！B6/资产负债表！B37",得出总资产净利率;在单元格 C29 中输入"＝利润表！B22/资产负债表！E35",得出权益净利率。

财 务 比 率 分 析

2016年 12月 31日　　　　　　　　　　　　　　　　单位：千元

项　　目	计算公式	本 年 数	上 年 数	变 动 数	参考值
一、短期偿债能力比率					
1、营运资本	流动资产-流动负债	1 930.00	1 890.00	60.00	
2、流动比率	流动资产÷流动负债	2.19	2.52	-0.34	1.50
3、速动比率	速动资产÷流动负债	1.55	1.15	0.40	0.75
4、现金比率	(货币资金+交易性金融资产)÷流动负债	0.18	0.17	0.02	
5、现金流量比率	经营活动现金流量净额÷流动负债	23.17%	0.00%	23.17%	10.90%
二、长期偿债能力比率					
1、资产负债率	(总负债÷总资产)×100%	53.63%	48.49%	5.14%	65.20%
2、产权比率	总负债÷股东权益	115.64%	94.13%	21.51%	
3、权益乘数	总资产÷股东权益	2.1564482	1.94130926	0.21513895	
4、长期资本负债率	[非流动负债÷(非流动负债+股东权益)]×100%	44.74%	39.81%	4.93%	
5、利息保障倍数	(净利润+利息费用+所得税费用)÷利息费用	2.75	3.35714286	-0.60714286	3.20
6、现金流量利息保障倍数	经营活动现金流量净额÷利息费用	0.67857143	0	0.67857143	
7、现金流量债务比	经营活动现金流量净额÷债务总额	6.95%	0.00%	6.95%	
三、营运能力比率					
1、应收账款周转率(次数)	销售收入÷应收账款	7.51	14.19	-6.68	8.30
2、存货周转率(次数)	销售收入÷存货	24.81	8.70	16.11	6.00
3、流动资产周转率(次数)	销售收入÷流动资产	4.18	4.56	-0.37	1.50
4、净营运资本周转率(次数)	销售收入÷净营运资本	7.70	7.54	0.15	
5、非流动资产周转率(次数)	销售收入÷非流动资产	2.27	2.61	-0.34	
6、总资产周转率(次数)	销售收入÷总资产	=J14	1.66	-0.19	0.50
7、现金流量资产比	经营活动现金流量净额÷总资产	0.04	0.00	0.04	3.90%
四、盈利能力比率					
1、销售净利率	(净利润÷销售收入)×100%	4.33%	5.40%	-1.07%	8.00%
2、总资产净利率	(净利润÷总资产)×100%	6.37%	8.95%	-2.58%	4.60%
3、权益净利率	(净利润÷股东权益)×100%	13.74%	17.38%	-3.64%	6.20%
五、市价比率					
1、市盈率	每股市价÷每股收益	-			
2、市净率	每股市价÷每股净资产	-			
3、市销率	每股市价÷每股销售收入	-			
五、杜邦分析体系(旧)					
1、权益净利率	销售净利率×总资产周转次数×权益乘数	13.74%	17.38%	-3.64%	6.20%

图 7-3　比率分析表

任务 3　财务综合分析

前面我们已经介绍了企业偿债能力、营运能力和获利能力等各种财务分析指标,但单独分析任何一项财务指标,都难以全面评价企业的经营与财务状况。要作全面的分析,必须采取适当的方法,对企业财务进行综合分析与评价。

【工作目标】　熟练应用 Excel 建立模型,运用杜邦财务分析和综合指标分析方法进行财务综合分析。

【工作基础】

一、杜邦财务分析

杜邦财务分析体系(简称杜邦体系)是利用各财务指标间的内在关系,对企业综合经营理财及经济效益进行系统分析评价的方法。该体系以净资产收益率为核心,将其分解为若干财务指标,通过分析各分解指标的变动对净资产收益率的影响来揭示企业获利能力及其变动原因。该体系各主要指标之间的关系为:

$$\begin{aligned} \text{所有者权益报酬率} \atop \text{(即净资产收益率)} &= \text{总资产净利率} \times \text{权益乘数} \\ &= \frac{\text{净利润}}{\text{资产总额}} \times \frac{\text{资产总额}}{\text{所有者权益}} \\ &= \frac{\text{净利润}}{\text{主营业务收入净额}} \times \frac{\text{主营业务收入净额}}{\text{资产总额}} \times \frac{\text{资产总额}}{\text{所有者权益}} \end{aligned}$$

这一关系式被称为杜邦财务分析体系的核心。因为,财务管理的目标是使所有者财富最大化,企业生产经营的主要目标也是为了取得最大的利润,所有者权益报酬率又受销售利润率、资产周转率和权益乘数三个因素影响,它们分别代表了企业的盈利能力、营运能力和偿债能力,只有提高了所有权益报酬率,才能保证财务管理目的的实现。

(1)总资产净利率反映了企业全部资产的创新能力,综合性强,因此也是一个重要的财务比率。它是主营业务净利润率和总资产周转率的乘积,主营业务净利润率是企业主营业务收入对净利润的贡献程度;总资产周转率是企业中资产的周转次数,它反映企业资产的使用效率。

(2)主营业务净利润率反映了企业实现的主营业务收入和企业净利润的关系,它的高低取决于主营业务收入与成本总额的高低。要提高主营业务净利润率的主要途径只有两个:一是要扩大主营业务收入,二是要降低成本费用。

(3)总资产周转率反映企业总资产实现主营业务收入的综合能力,资产的总额由流动资产与长期资产组成,它们的使用合理与否都将直接影响资产的周转速度。因此,流动资产与长期资产间应保持一种合理的比率关系,如果结构不合理,还应深入分析原因,同时还需进一步分析各项资产的占用数额和周转速度。

(4)权益乘数反映了所有者权益同总资产的关系。在总资产需要量既定的前提下,负债比率越大,权益乘数就越高。企业的负债程度较高,能为企业带来较多的杠杆利益,同时也带来了较多的风险。因此,企业既要合理使用全部资产,又要保持合理的负债经营结构,从而达到提高所有者权益报酬率的目的。

通过杜邦财务分析体系自上而下地分析,不仅可以了解企业各项财务指标间的结构关系,还可以查明各项主要财务指标增减变动的影响因素及存在问题,为财务管理信息使用者了解企业经营或理财状况,为提高经营效益提供决策的依据。

【案例 7-2】

承[案例 7-1]假设广东海珠家具制造有限公司引用基本财务报表数据、引用比率分析表的有关数据如图 7-4 所示。试对广东海珠家具制造有限公司的所有者权益报酬率作出分析。

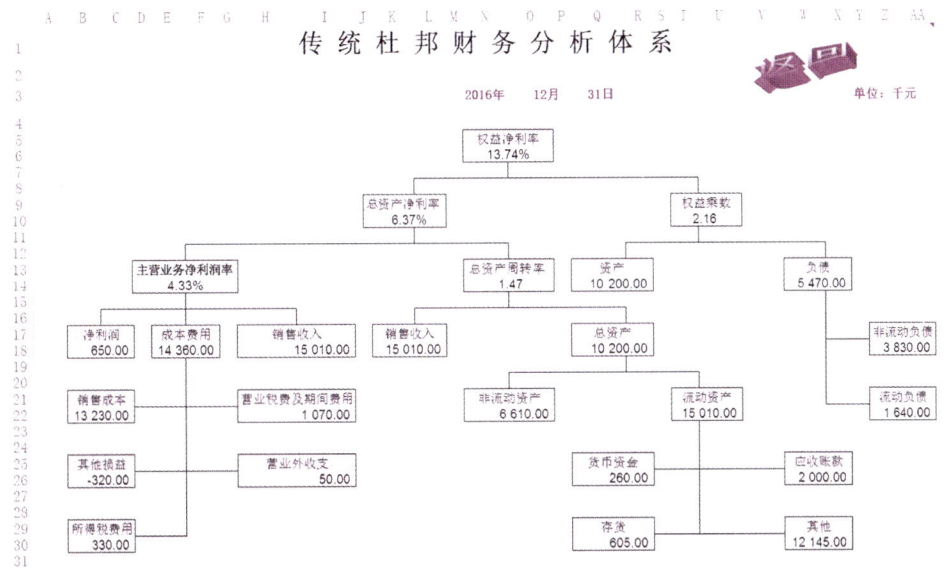

图 7-4　广东海珠家具制造有限公司杜邦财务分析

本案例在 Excel 系统的操作如下：

第一步，新建标题为"杜邦财务分析"的工作表，在相应的单元格中输入相关财务指标名称及数值。在相应单元格中输入类似"＝资产负债表! B37"的导入报表相关数据，如引用[案例 7-1]的利润表的数据，则在单元格 B18 中输入"＝利润表! B22"。

第二步，在单元格 A6 中输入"＝E14＊N14＊T6"，得出引用图 7-3 所示的比率分析表相关财务比率数据乘积得出的权益净利率（即 ROE）。

二、综合指标分析

所谓财务综合分析，就是将企业营运能力、偿债能力和盈利能力等方面的分析纳入一个有机的分析系统之中，全面地对企业财务状况，经营状况进行解剖和分析，从而对企业经济效益作出较为准确的评价与判断。实务中，大多采用沃尔比重评分法。

沃尔比重评分法是美国的亚历山大·沃尔教授是在 20 世纪初出版的《信用晴雨表研究》和《财务报表比率分析》中提出的，它将流动比率、产权比率、固定资产比率、存货周转率、应收账款周转率、固定资产周转率、自有资金周转率 7 项比率用线性关系结合起来，并分别给定在总评价中所占的分数比重，然后将实际比率与标准比率比较，确定每项指标的得分，从而对企业的财务状况及信用水平作出评价。

使用沃尔评分方法对企业财务状况进行评价仍然存在一定的缺陷，首先在理论上难以证明为何要选择这 7 个指标，人为主观地为这 7 个指标设定的权数，也无法证明每个指标所占权重的合理性；其次在技术上也不完善，以致某个指标出现严重异常时,就会使评分发生不准确的增减,一方面会导致对某一因素作过高或过低估计,使评价结果不能完全反映企业的真实情况,另一方面会诱使企业粉饰或片面地追求权数大的指标。

沃尔比重评分法的基本步骤

选择评价指标并分配指标权重⇨确定各项评价指标的标准值与标准系数⇨对各项评价指标计分并计算综合分数⇨形成评价结果。

下面我们通过具体案例来进行沃尔比重评分法综合分析。

【案例7-3】

已知广东海珠家具制造有限公司各项财务比率指标的计算结果如图7-5中的 D 列所示。试用沃尔评分法来判断该公司整体财务状况。

本案例在 Excel 系统的操作如下:

第一步,新建标题为"沃尔比重评分法"的工作表,在相应的单元格中输入相关财务指标名称及其数值。

第二步,计算相对比率:在单元格 E4 中输入"=D4/C4",拖动复制句柄,向下拖动至 E10,得出沃尔评分法各指标的相对比率。

第三步,计算各指标的沃尔评分:在单元格 F4 中输入"=B4*E4*100",拖动复制句柄,向下拖动至 F10;在单元格 F11 中输入"=SUM(F4:F10)",得出 D 公司整体财务状况的沃尔评分为 83.2 分,可见该公司整体财务状况还是稳健的。

	A	B	C	D	E	F
1			沃尔比重评分法			
2	财务比率	权重	标准比率	实际比率	相对比率	评分
3		(1)	(2)	(3)	(4)＝(3)÷(2)	(1)×(4)
4	流动比率	25.00%	2.000	1.920	0.960	24.000
5	净资产/负债	25.00%	1.500	0.860	0.570	14.250
6	资产/固定资产	15.00%	2.500	6.260	2.500	37.500
7	销售成本/存货	10.00%	8.000	0.530	0.070	0.700
8	销售额/应收账款	10.00%	6.000	1.380	0.230	2.300
9	销售额/固定资产	10.00%	4.000	1.440	0.360	3.600
10	销售额/净资产	5.00%	3.000	0.500	0.170	0.850
11	合 计	100.00%				83.200

◄ ► ►│ ╲比率分析表╲沃尔评分法╱Altman Z ╎│

图7-5 广东海珠家具制造有限公司沃尔比重评分法

【训练7-1】 参照本项目中图7-1、图7-2和图7-3的数据资料分别进行下列操作:

(1) 各项财务指标的分析。

(2) 杜邦财务分析体系的分析。

参 考 文 献

[1]王化成.财务管理教学案例[M].北京:中国人民大学出版社,2005.

[2]陈勇,弓剑炜,荆新.财务管理案例教程[M].北京:北京大学出版社,2003.

[3]周守华,杨济华.当代西方财务管理[M].大连:东北财经大学出版社,1997.

[4]阿斯瓦斯·达摩达兰.应用公司理财[M].北京:机械工业出版社,2000.

[5]陆正飞.财务管理[M].大连:东北财经大学出版社,2001.

[6]詹姆斯·范霍恩,小约翰·M·瓦霍维奇.现代企业财务管理[M].北京:经济科学出版社,2002.

[7]中国注册会计师协会.财务成本管理[M].北京:中国财政经济出版社,2007.

[8]韩良智.Excel在财务管理中的应用[M].北京:人民邮政出版社,2004.

[9]李慧,刘志远.Excel在财务管理中的应用[M].北京:科学出版社,2007.

[10]周宇玮.Excel财务管理实例精讲[M].北京:科学出版社,2006.

[11]孟俊婷.Excel在财务管理中的应用[M].上海:立信会计出版社,2006.

[12]Lusztig,Morck,Schwab. Finance in a Canadian Setting[M]. Etobicok:Johnwiley & Sons Canada Ltd,1998.

[13]Eugence F,Louis C. Financial Management:Theory and Practice [M]. Chicago:The Dryden Press,1997.